Círculo Rojo

Tú eres la mujer de tu vida

# TÚ ERES LA MUJER DE TU VIDA

Cómo hacerte la vida más fácil
y quererte siendo una mujer
felizmente imperfecta

CARMEN BELLVER NAVARRO

Círculo Rojo
EDITORIAL

Primera edición: enero 2024

Depósito legal: AL 2813-2023

ISBN: 978-84-1199-518-4
Impresión y encuadernación: Editorial Círculo Rojo

Editorial Círculo Rojo
www.editorialcirculorojo.com
info@editorialcirculorojo.com

Impreso en España - Printed in Spain

# DEDICATORIA

Por ti, por mí y por todas mis compañeras.

Para las **mujeres** altas y bajas, rubias y morenas, las de treinta, cuarenta o cincuenta, las divorciadas, casadas o solteras, las habladoras y calladas, las madres o no, las de sesenta, setenta u ochenta, las modernas y las clásicas, las viajeras y caseras, las de la talla 34 y las de la 48 y las del medio.

Para todas vosotras, todas naturales y auténticas.

En especial para mis amigas, que siempre han sido un pilar básico en mi vida, sin ellas no podría haber superado los momentos difíciles.

A mis padres, que han hecho por mí todo lo que sabían y más.
A mi hermano, que me ha animado a publicar el libro.
Y para mi hija Ana, a la que quiero y, aun siendo muy joven, admiro.

# ÍNDICE

# INTRODUCCIÓN

Soy una mujer. Estoy a gusto conmigo misma. Ya no necesito sentirme perfecta ni que todo en la vida me vaya bien para hallar ese bienestar que tanto he buscado. Yo diría que he comprendido de qué va la vida, con la particularidad que supone ser mujer. **He escrito este libro para compartir con vosotras todo aquello que, desde la idiosincrasia de ser mujer, he aprendido para llegar a esa alegría que produce la serenidad de saber vivir.** Y os lo cuento **de mujer a mujer** porque somos diferentes a ellos, no solo física o biológicamente: **somos únicas emocionalmente en nuestra forma de pensar y de sentir.**

Este libro trata de cómo alcanzar algo que cada una de nosotras buscamos día a día: la capacidad para disfrutar más y mejor de la vida. A mí me va a venir bien releerlo tantas veces como necesite. Ya sé que posiblemente estéis cansadas de oír que la felicidad está en nuestras manos. Yo no os prometo que al leer este libro paséis, como por arte de magia, a ser una mujer zen. Yo no lo soy. (Sonrío). Lo que sí os aseguro es que os ayudará a liberaros de presiones sociales, autoexigencias desmedidas, sentimientos de culpabilidad perjudiciales, preocupaciones innecesarias y miedos limitantes. A su vez, os aportará las estrategias necesarias para confiar en vosotras mismas y valoraros positivamente. Además, os facilitará ir por la vida derrochando grandes dosis de gratitud.

Si os digo que tengo que comunicaros una noticia mala y una buena, ¿cuál preferís que os diga primero? Yo os cuento la mala primero, porque todas preferimos un final feliz. Ahí va… la noticia mala: en la vida vais a tener con seguridad problemas, obstáculos y dificultades. La buena noticia: tú, querida amiga, puedes cambiar tu presente y tu futuro con sólo cambiar tu actitud. Tú escribes tu vida. Tú compones tu vida. Tú pintas tu vida. Tú bailas tu vida. Tú eres la mujer de tu vida.

A todas nos gustaría tener una vida en la que, a pesar de los problemas u obstáculos con los que nos vamos a encontrar con toda seguridad, fuéramos capaces de afrontarlos de tal forma que nuestra paz interior no se desequilibrara. Por ello, mi intención es **ayudaros a aprender a haceros la vida más fácil y a quereros siendo mujeres *perfectamente imperfectas*.**

Mi mayor ilusión sería sentir la satisfacción de que, gracias a lo que os aporto a lo largo de estas páginas, consiguierais mejorar vuestra vida.

He elaborado cada capítulo con especial cariño para poder llegar a vuestra esencia de manera sincera, amena y divertida. Para ello os abro mi corazón en esta especie de **manual didáctico** en el que, además de mis conocimientos, incluyo experiencias personales, poesías, parábolas, proverbios, relatos, secuencias de películas… Los ejemplos y estrategias que plasmo refuerzan de manera práctica el mensaje que os quiero transmitir. También encontraréis referencias a investigaciones psicológicas como apoyo a las informaciones y reflexiones que escribo. Descubriréis frases que para mí son piezas clave en el cómputo total del contenido de este ya vuestro libro. Algunas son mías, otras tantas de escritores, filósofos, artistas o psicólogos. Otras provienen de la sabiduría popular, extraídas de variadas fuentes y que han quedado grabadas en mi memoria por su valía. De estas en concreto, aun queriendo, no puedo reseñar su autoría por ser anónimas. Lo que sí tiene en común todo ello es que me sigue inspirando y me motiva a mantener la actitud de la alegría. Y espero que a vosotras, de la misma manera que a mí, os brinden hábitos mentales y emocionales que os sirvan de herramientas sencillas para vivir en plenitud.

Si me preguntaran ¿tú eres de las personas que ven el vaso medio lleno o medio vacío? Mi respuesta sería: ni una cosa ni la otra, yo lo que veo es que claramente hay espacio para más agua. Y esta es la esencia del mensaje que deseo que encontréis a lo largo de vuestra lectura. En vuestra vida hay espacio para más experiencias, ilusiones, amores y risas. De hecho, creo sinceramente que si estáis leyendo estas líneas es porque tenéis la inquietud de mejorar vuestra vida alcanzando una mayor fortaleza emocional.

Como podéis comprobar, este libro no es demasiado largo, es intencionadamente breve. Como decía la poetisa Premio Nobel de Literatura Wislowa Szymborska: «Toda imperfección resulta ser más fácil de aguantar si se sirve en pequeñas dosis». (Sonrío). Y es que, queridas amigas, soy el perfecto ejemplo de una mujer felizmente imperfecta.

Mi forma de comunicarme con vosotras tiene un formato coloquial, el mismo tono que emplearía si de una conversación entre amigas se tratase. Estoy convencida que os vais a identificar a lo largo de cada capítulo con lo que os cuento, con lo que me ocurre a mí y a otras mujeres. Y si predico lo saludable que es reírse de una misma, cómo no, este libro está cargado de una gran dosis de humor. Espero sacaros una sonrisa más de una vez, mejor muchas veces.

Mi parte ya está hecha. Os la ofrezco con mucho cariño y gratitud por estar aquí leyéndome. Ahora faltáis vosotras. Vuestra lectura, vuestra reflexión, vuestra opinión. Subrayad, rodead, poned flechas, poned exclamaciones, escribid anotaciones al margen… ¡Hacedlo vuestro! Os lo digo en serio, no os toméis la vida demasiado en serio y disfrutad.

# 1. FELIZ CON DOS TACONES

# 1

# FELIZ CON DOS TACONES

## LA PERSONA QUE CAMBIARÁ TU VIDA ERES TÚ

Si estás buscando a **la persona que cambiará tu vida**, échale un vistazo al espejo:

**¡¡Esa eres tú!!**

Quiero que tengas claro siempre, siempre, que **la mujer de tu vida eres TÚ MISMA. Quiérete por todo lo bueno que hay en ti y acéptate en lo menos bueno sin olvidar esforzarte por mejorar.**

Una mujer que se ama a sí misma es una mujer libre, independiente y feliz. Ya sé que **no nos han educado ni nos han enseñado a amarnos a nosotras mismas.** Nos inculcaron que nos tenemos que esforzar en amar a nuestros hijos, padres, pareja y amigos. Pues tengo que deciros que esto no es incompatible con mimarnos a nosotras mismas. Incluso os diré algo más: si vosotras, queridas amigas, os conocéis más, aumentará vuestra confianza, vuestra autoestima, vuestra motivación y seréis capaces de querer más y mejor a los demás.

Por otra parte, si tuvierais que responder a la pregunta ¿quién es la persona que más años va a permanecer a vuestro lado durante toda la vida? ¿Qué dirías? Si estáis pensando que puede que sea vuestra pareja, vuestro hijo, vuestra madre..., os equivocáis: **La única persona que estará contigo toda tu vida eres tú.** Así pues, vamos a ser listas y ponernos manos a la obra para ser lo más felices posible contando con nosotras al margen de todo y de todos los demás.

No existe una respuesta correcta o incorrecta a la pregunta ¿qué es la felicidad? Posiblemente para cada una la definición de felicidad será, dependiendo del momento en el que se encuentre, diferente. De lo que sí estoy convencida es de que, en líneas generales, la felicidad contiene unos elementos universales para todos. Y sobre esos elementos vamos a reflexionar a lo largo del libro. Si yo tuviera que responder a esa cuestión diría que **la felicidad es un estado interno de serenidad, de paz, de armonía y de ilusión.** Y ese estado nos lleva al sentimiento positivo de satisfacción con la vida que nos permite disfrutar plenamente el presente.

Pero, si la felicidad depende de cómo respondemos a la vida y no de lo que creemos que la vida nos hace a nosotras, **¿por qué nos resulta tan difícil sentir esa felicidad?**

Además de los motivos generales que pueden afectar tanto a hombres como a mujeres sin distinción, nosotras, las mujeres, nos lo ponemos aún más complicado. Me explico con un símil muy comprensible y sencillo.

Desde pequeñas cursábamos diferentes asignaturas en los centros de enseñanza a los que asistíamos, y teníamos la responsabilidad de aprobarlas: matemáticas, lengua, historia, sociales… y si sacábamos un sobresaliente, pues mucho mejor. Eso está muy bien, es nuestra formación académica. El problema para mí radica en que cuando acabamos esos estudios y comenzamos a discurrir por el camino de *la universidad de la vida* nosotras nos autoexaminamos continuamente de otras asignaturas que nos autoimponemos Estas nuevas asignaturas en las que nos matriculamos son, entre otras: familia, pareja, hijos, sexo, relaciones sociales, belleza, economía, etc. Nuestra meta es sacar un sobresaliente en todas ellas. Y así vivimos con nuestra idea de que la vida solo nos va bien cuando puntuamos en todas con una calificación alta. Hablo de esa **lucha continua de querer controlar nuestra vida.** ¿Sabéis de lo que estoy hablando? ¡Claro que me entendéis! Tenemos una preimagen de cómo deben ir las cosas para ser felices. Y, ¡Dios mío!, cuando sucede algo que nos hace suspender alguna asignatura, aunque sea temporalmente, algo que ocurre inevitablemente, nos sentimos mal... sentimos que las cosas no van bien. Nos sentimos, en mayor o en menor medida, desdichadas. Es más, yo diría que pasamos revista diaria para comprobar cómo vamos y valorarnos. Nos ponemos nota todos los días. Somos nuestras propias examinadoras, inspectoras, juezas y censoras.

Y pensamos: «A ver... la asignatura de la salud... va bastante bien. Pero ¿y la asignatura de la pareja? ¡Qué desastre! Estamos enfadados. ¿Y la asignatura de los hijos? A María le han suspendido dos, qué horror». ¿Te suena verdad?

Queridas amigas, en la *universidad de la vida* es imposible que saquemos constantemente una nota magnífica en todas las áreas o asignaturas. Es más, pretender andar por la vida esperando que todas esas parcelas funcionen sin altibajos y encajen a las mil maravillas es tan inútil como pretender andar por el mar sin mojarse. Os propongo que en lugar de ver nuestra vida como una serie de asignaturas que suspendemos o aprobamos a diario, la miremos desde la perspectiva de una mujer que crece y aprende con cada oportunidad que se le presenta.

Yo ya hace tiempo que me di cuenta de que desesperarme por ser una alumna excelente en todas las asignaturas era un error, ya que esto suponía que no aceptaba la vida de forma saludable, con sus imperfecciones. Esto era debido a los modelos preestablecidos que tenía en mi mente. Y ahora me siento liberada: sencillamente libre.

Lograremos sentirnos totalmente libres, por una parte, al liberarnos de nuestras propias exigencias y limitaciones y, por otra, al hacernos oír como mujeres. El acto más valiente que como mujer se puede hacer es «**pensar por una misma**». Tomar la palabra, desde la **libertad** de pensamiento y expresión y no permitir que nos ignoren o nos excluyan por ser mujer. Ya lo expresaba la diseñadora de alta costura francesa Gabrielle Chanel, una de las mujeres más influyentes del siglo XX:

**«Reír. Ser libres,
la esencia de la verdadera elegancia,
la libertad siempre es elegante».**

Seguid leyendo, por favor, y vamos a aprender a **ser felices como mujeres**.

## SOMOS LO QUE SENTIMOS

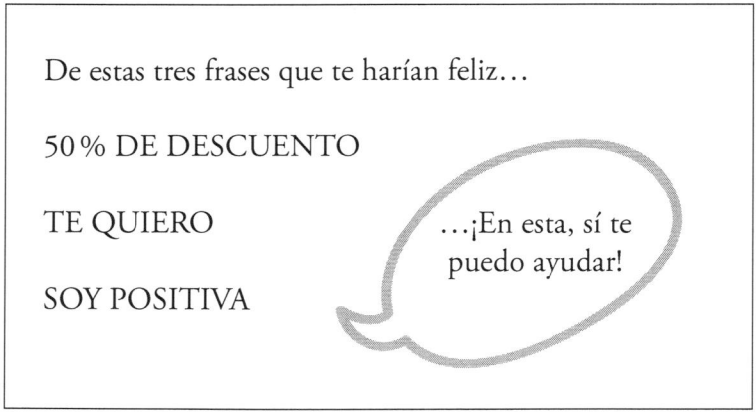

De estas tres frases que te harían feliz...

50 % DE DESCUENTO

TE QUIERO

SOY POSITIVA

...¡En esta, sí te puedo ayudar!

¿Qué podemos hacer para ser positivas y mejorar nuestro bienestar? Para ser las dueñas de nuestras vidas vamos a querer ser las dueñas de nuestras emociones. Tengamos presente esta afirmación: **atraemos lo que pensamos, lo que sentimos.** Es cierto que «somos lo que comemos» y una dieta sana, junto a tener una rutina de hacer ejercicio, es importante, ya que nuestro cuerpo es nuestro bien inmueble, nuestra carrocería. Pero estoy convencida de que por encima de esto:

## Somos lo que sentimos.
## Somos lo que hacemos
## con lo que sentimos.

El pensamiento y el sentimiento van unidos: si cambiamos el primero podemos cambiar el segundo; entonces, vamos a ser listas y a elegir pensamientos positivos. ¿A que si pensamos en sexo nos entran ganas de tener sexo? Pues así de sencillo es. Pensemos en positivo y aumentarán nuestras ganas de vivir con plenitud. ¡Vamos a aprender a hacerlo! Vamos a aprenderlo cambiando nuestros patrones y hábitos mentales, reprogramando nuestro cerebro y nuestra actitud.

Admiro a una amiga mía, Curry, constantemente ve el lado bueno de las cosas y sus palabras son siempre muy positivas:

«¡Qué bien estamos en esta terracita!».

«¡Qué día más estupendo!».

«¡Mi marido está delicado y no salgo de las consultas de los médicos, pero tengo mucha suerte porque es muy buen enfermo!».

«¡Mi hijo ha encontrado trabajo! Aunque es temporal, es un primer paso».

Pues da gusto estar con ella: las emociones se contagian y siempre percibe lo maravilloso de cada momento y ve el lado positivo no sólo de sus problemas sino de los que yo le pueda contar.

¡Una maravilla!

Y es que así es la vida. **La creencia es una energía muy poderosa. Es un imán que atrae hacia nosotros todo lo que convincentemente esperamos de la vida, todo aquello que creemos que nos merecemos.**

Ahora bien, no va a venir el hada madrina con polvos mágicos. Es nuestra responsabilidad actuar, tomar decisiones en positivo.

Yo diferencio entre ser **optimista irreal** y ser **optimista real**. Me explico: al optimista irreal, al hiperoptimista lo voy a llamar *optimicida* porque se daña a sí mismo al querer ser optimista permanentemente, siempre, las veinticuatro horas del día, los siete días de la semana. Las **consecuencias** de ello son dos:

—Al no ser un optimismo inteligente, el *optimicida* **se cree que debe ser feliz siempre, sin permitirse vivir emociones negativas necesarias, como la tristeza.** No se permite ser nunca frágil. Esto, a largo plazo, es perjudicial.

—Al no ser un optimismo real, se suelen **toman decisiones irreales.** El *optimicida* **no pisa suelo**, siempre piensa que «las cosas se van a solucionar». ¡Error! Esto puede perjudicarnos porque nos puede llevar a embarcarnos en objetivos utópicos, generándonos expectativas irreales de éxito con la consiguiente decepción y frustración. Es fundamental conocerse, saber de nuestras virtudes y fortalezas para poder destacarlas y utilizarlas a nuestro favor siendo conscientes de nuestro potencial. Eso sí, sin dejar de soñar, sin dejar de tener ilusiones:

# Con los pies en la tierra
# y el corazón en las nubes.

Soñar sí, por supuesto, e ir a por ello siendo conscientes de nuestras capacidades y nuestras limitaciones. **Todas somos buenas en algo**, sin excepción, tú también. Es fundamental darse cuenta de hasta dónde hay que luchar. Os pongo un ejemplo: si abrimos una tienda de ropa, invertimos nuestros ahorros y no funciona el negocio a pesar de los esfuerzos y de haber dado el tiempo suficiente al negocio para que dé sus frutos, posiblemente sea mejor cerrar antes de seguir pidiendo préstamos o hipotecar la casa. Esto puede suponer no ver la realidad y tal vez perderlo todo.

En cambio, la **persona optimista real o positiva,** es consciente de la realidad y toma la decisión de gestionarla con una actitud constructiva. Somos mujeres que, por supuesto, tenemos problemas o preocupaciones, pero hemos aprendido a gestionarlas o vamos a aprender a hacerlo (espero que, en parte, leyendo este libro).

## TIENES DERECHO A ESTAR TRISTE

Ahora bien, ser positiva no significa estar siempre alegre y feliz. Es más, reivindico **el derecho a sentir tristeza y expresarla.** Me parece **excesivo** que el objetivo actual de nuestra sociedad sea **la persecución constante de la felicidad.** La obligación de ser feliz. Y mirad que a mí me encantan y hago uso de las frases motivadoras, las películas con final feliz, la música *happy* creada para celebrar y bailar, y los libros o conferencias de autoayuda. Me considero una mujer positiva y hago todo aquello que sume en mi crecimiento personal.

Pues bien, para mí la felicidad no es un estado permanente, eterno, infinito. De hecho, ni tan siquiera es tan fácil definirla: para cada una se construirá de una forma, tal vez similar a otra persona, pero no idéntica.

Yo la vivo como momentos que me dan vida, en tanto en cuanto todos esos momentos sumados me dan paz interior y me siento tranquila conmigo misma, con mi entorno y con mis relaciones personales. La felicidad es vivir con autenticidad, siendo transparente, con bondad, mostrándonos como somos, con nuestras virtudes y defectos.

**El equilibrio necesario para encontrar esa paz interior pasa por sentir la tristeza.**

Yo me pregunto: ¿valoraría lo mismo el maravilloso verano, que me encanta, si no hubiera invierno? Mi respuesta es: NO.

Pues lo mismo ocurre con la felicidad: ¿valoraríamos lo mismo los momentos felices si no tuviéramos momentos tristes? Sea cual sea la respuesta, lo que quiero transmitiros es que **no os sintáis obligados a ser felices** como un estado permanente. Cuando os sintáis felices, vividlo con intensidad. Esos momentos, saboreadlos, disfrutadlos, sed conscientes de ellos, os sumarán más.

Volvamos a reflexionar sobre la emoción de la **tristeza**. Lo primero que hay que saber es que la tristeza es pasajera. Sólo cuando se mantiene en el tiempo y se cronifica puede dar lugar a algo que no es tristeza, que puede ser una enfermedad, como la depresión.

Solemos vivir la tristeza de una forma más dramática de lo que sería sano para nosotras. Por ello, cuando tenemos uno o varios días malos, de esos de bajón, nos preocupamos. Os invito a ver esos momentos de tristeza, nostalgia o melancolía como parte normal de nuestra vida. Es más, desahogaos, llorad lo que tengáis que llorar. No intentéis suprimir esa emoción porque, a medio plazo, probablemente os perjudicará.

# ¿Y qué hago cuando estoy triste?

Os aconsejo que esa tristeza la aceptéis y la comprendáis para poder superarla. Y no os estanquéis en ella, dadle la vuelta y que os ayude a:
— Conoceros mejor.
— Conectar con vuestra esencia, con vuestros valores.
— Comprender qué es lo más importante para vosotras.
— Restablecer vuestras prioridades.
— Quitar y poner personas y actitudes en vuestra vida.
— Proponeros nuevos retos, metas e ilusiones.

Como siempre se ha dicho: después de la tormenta llega la calma. Y esa calma, esa paz, vendrá acompañada de una mujer más fuerte, tú. Y es que la tristeza tiene un lado positivo en cuanto nos sirve además en algunas ocasiones para poner un punto y aparte en nuestras vidas. Imaginad, como cuando os tiráis de pie en una piscina… Tocáis fondo, os impulsáis y subís con fuerza. Pues ahí os quiero ver, queridas amigas: hacia arriba, hacia delante.

## SER UNA MUJER POSITIVA

Hablando de positivismo, necesito contaros lo importante que fue para la psicología el desarrollo de la psicología positiva. El psicólogo estadounidense Martin Seligman, en la década de los noventa, fue uno de los pioneros en su desarrollo. El término *psicología positiva* no lo acuñó él, pero fue el que más la difundió.

Seligman nos explica que hasta ese momento la psicología se dedicaba a tratar de encontrar lo que no está bien en una persona y a ayudarla en sus problemas de salud mental. Digamos que se ocupaba de reparar daños. En cambio, la **psi-**

**cología positiva** ayuda a mejorar la vida de las personas sanas psicológicamente. **Trata de hacer más felices a las personas**. La psicología positiva se ocupa tanto de las debilidades humanas como de sus fortalezas.

Hablando de ser una mujer con una actitud positiva, lo primero que vamos a hacer es dejar nuestras lamentaciones y quejas a un lado y relativizar ¿De verdad pensáis que habiendo 5 continentes, 194 países, 8000 millones de personas… sois las dueñas de todos los problemas?

Os puede parecer demasiado simple o demasiado complicado, pero estoy convencida de que **la felicidad o la infelicidad que sentimos sobre nuestra vida depende de cómo creemos que es esa vida.** Nuestra historia vital es la que nosotras mismas nos queramos creer y por lo tanto crear. El sociólogo estadounidense Robert K. Merton lo expresa con esta frase en forma de proverbio:

## «Lo que creemos, creamos».

¿Os habéis fijado en que entre las palabras **creer** y **crear** solo hay una letra que las diferencia? Significativo, ¿verdad? Por otra parte, la suerte es, por encima de todo, el resultado de nuestra convicción de tener suerte. Es más, cuando pensamos en aquello que nos gustaría lograr, puede pasar que creamos que sí o que no podemos conseguirlo. En los dos casos estamos teniendo razón: el mero hecho ya de creerlo o no creerlo nos hará actuar en consecuencia. Si pensamos que no estamos capacitadas, no tomaremos la iniciativa, no tomaremos la decisión de ir a por ello y por lo tanto no lo realizaremos. Una misma se convertirá en su principal obstáculo, una misma se pondrá la zancadilla. A veces pensamos que algo es imposible de lograr, de solucionar y en verdad lo que ocurre es que simplemente todavía no hemos encontrado la solución. Por el contrario, si confiamos en nuestras fortalezas, reaccionaremos en coherencia a esa percepción. Al ponernos en marcha ya tendremos medio camino recorrido… Si creemos firmemente en algo, no tiraremos la toalla a las primeras de cambio. Nuestro sistema de creencias sobre nosotras mismas se va forjando desde nuestra infancia, por ello puede que estemos condicionadas de manera equivocada. En esos casos en los que salimos perjudicadas, es necesario desaprender esas creencias limitantes, deshacernos de ellas y formar otras nuevas que jueguen a nuestro favor. Para ello será fundamental conocernos, aceptarnos y valorarnos. Más adelante, en este mismo capítulo, hablaremos de ello.

Al hilo de esa idea, de la cual no tengo ninguna duda, os reseño una frase de Henry Ford que integra de forma clara y contundente la esencia de lo anteriormente dicho:

**«Tanto si crees que puedes, como si crees que no puedes, estás en lo cierto».**

Es curiosa y ejemplificante la historia del estadounidense Henry Ford (1863-1947). Fue el fundador de la compañía Ford Motor Company y su gran sueño era fabricar un automóvil económico que pudiera estar al alcance de cualquier americano. La realidad era que los costes de producción eran demasiados elevados para ello y, por lo tanto, en principio era imposible. Un día, de camino a su casa, observó lo que ocurría dentro de un matadero. Vio cómo las reses eran descuartizadas y colgadas una tras otra en ganchos. Y he aquí dónde le vino la inspiración. Hago un alto en la historia y os pregunto: **¿Creéis** que si no hubiera estado convencido de que era posible su sueño hubiera captado la señal, aquello que le inspiró? ¿Verdad que no? La mente es como un imán, capta las señales que a otros les pasan desapercibidas y eso ocurre porque estamos receptivos a ello; sencillamente porque creemos en ello, nuestros ojos ven y nuestros oídos oyen. Bueno, finalizo la historia. A Henry Ford se le ocurrió fabricar coches en cadena, con la consiguiente reducción de costes. Así se fabricó el primer coche en cadena, el Ford T, una revolución en el mundo del transporte.

Si tuviera que expresar lo que quiero transmitir en formato de microcuento lo haría así: «Uno cree que no puede, y no puede. Hasta que llega el día en que cree que puede, y puede». Así de sencillo. Nuestra **actitud** es siempre decisiva. Es más relevante que nuestra aptitud. Personalmente creo que:

## Nuestras actitudes muestran, más que nuestras aptitudes, cómo somos realmente.

Ante una circunstancia concreta tenemos la libertad de elegir una actitud determinada. Es más importante cómo reaccionamos que la circunstancia en sí. Gestionarla con una actitud positiva hará que si se trata de una circunstancia favorable la disfrutemos con intensidad. Por el contrario, si es adversa la afrontaremos con resolución, minimizando sus efectos negativos.

No vale decir: «¡Es que yo soy así… qué le vamos a hacer!». Me pongo mala al oír eso cuando alguien lo utiliza como excusa para una forma de actuar que sabe que no es la correcta, y más todavía si le reafirma en su forma de ser. Sí se puede hacer, y mucho. Me explico: todos tenemos una personalidad, una forma de pensar, sentir y hacer; en definitiva, lo que habitualmente llamamos «forma de ser». Esa personalidad está formada por dos componentes: temperamento y carácter. **El temperamento viene dado por nuestra genética, NO se puede cambiar, o es más complicado.** Los últimos estudios ya ponen de manifiesto ese hecho. En el apartado siguiente haré referencia a ello al hablar sobre la *plasticidad mental*. Pero mejor vamos a lo menos difícil sobre lo que trabajar para modificar nuestra forma de ser: el carácter. **El carácter viene dado por nuestra experiencia y el entorno y SÍ se puede cambiar. Cambiando nuestras creencias, hábitos y esquemas mentales cambiamos nuestro carácter y por lo tanto nuestra personalidad.**

Continuando con la esencia de la idea sobre cómo nosotras podemos elegir nuestra actitud, también afecta a cómo reaccionamos ante lo que nos dicen o hacen los demás. Podemos elegir el significado que le vamos a dar. Puede ser que ninguno, poco o mucho. Depende de lo que nos convenga. Si se trata de algo negativo y con una intención destructiva ¿abriríamos un paquete bomba o lo devolveríamos al remitente? La respuesta es obvia. Si se trata de un regalo o una crítica positiva, entonces, sí, lo desempaquetaremos y nos lo quedaremos. **No podemos elegir lo que hacen los demás respecto a nosotras, pero sí podemos elegir el valor que le vamos a dar y reaccionar en consecuencia.**

En definitiva, recordad cada mañana al levantaros y comenzar el día:

## Una actitud positiva es la materia prima de la felicidad.

La mente es un órgano en constante evolución y por lo tanto es potencialmente moldeable, lo que se conoce como *plasticidad mental.*

Tenemos muy asumido que, para conseguir mantenernos en forma, mejorar nuestra salud e incluso prevenir enfermedades, debemos hacer ejercicio físico. Vemos cómo los gimnasios han proliferado, las clases de pilates, zumba y *bodypump* se llenan de mujeres que trabajan por mejorar el estado de sus cuerpos. Pues con el cerebro ocurre lo mismo: hay que dedicar tiempo y esfuerzo en entrenarlo a nuestro favor. La cuestión es *cambiar el chip* y llegar a entender el ejercicio mental de la misma forma que hoy vemos el ejercicio físico. **El cambio de pensamiento es posible con determinación y constancia.** Os diré que ya es un paso que estéis leyendo este libro, ya es un punto de partida para lograr esa transformación. Os estáis informando, formando y reflexionando a la vez.

Esa *plasticidad mental* ha sido investigada por el experto en neurociencia afectiva Richard Davidson, profesor de Psicología de la Universidad de Wisconsin quien, además de formarse en el ámbito científico, se instruyó en la India junto a grandes maestros del budismo. **Nos explica cómo el bienestar mental, como el deporte, es un conjunto de habilidades susceptibles de aprender y cultivarse.** Descubrió que una mente en calma produce bienestar al margen de la situación, de la circunstancia en la que nos encontremos. Incluso llega a demostrar cómo la estructura del cerebro puede cambiar con tan sólo dos horas de meditación. Lo comprobó midiendo la expresión de los genes antes y después de esa meditación.

Os cuento un estudio muy curioso publicado en 2004 por el equipo de científicos de la citada Universidad de Wisconsin. Se trata de **la historia del «hombre más feliz de la tierra».** Ese hombre se llama Matthieu Ricard. Nació en Paris en 1946 y es un biólogo molecular de prestigio que a los treinta años decidió dejarlo todo, marchar al Tíbet y seguir el budismo, convirtiéndose en uno de los discípulos del Dalai Lama. El *monje feliz* se sometió a diversos estudios. En ellos, mediante sensores en su cráneo, y a través de las imágenes por resonancia magnética nuclear que esos electrodos proporcionaban, se detectaba su nivel de estrés, placer, irritabilidad, enfado, satisfacción, etc. Los resultados fueron alucinantes: desbordó todos los niveles de felicidad hasta entonces registrados, ganándose el título del hombre más feliz del planeta. Era habitual constatar que los monjes budistas entrenados en la meditación eran unos maestros en alejar los pensamientos negativos y concentrarse sólo en los positivos y, por lo tanto, dar altos niveles de felicidad según estas pruebas. Esto nos demuestra que **la felicidad es algo que se puede aprender, desarrollar, entrenar, ejercitar y alcanzar.**

¡Ahora bien! Yo no espero, ni en vosotras ni en mí, que logremos ese título de «la mujer más feliz del mundo». Ese biólogo tan feliz dio un vuelco radical en su vida, saltó, dio la voltereta lateral e hizo el pino-puente. No sé a vosotras, pero desde luego a mí las dos últimas piruetas no me salen. (Sonrío). Yo, con dar un salto sustancial, estoy satisfecha. Mi aspiración es poner mi granito de arena para ayudaros a vosotras y a mí misma a transformar nuestra vida a través de variaciones que nos permitan saber manejar nuestras emociones y percibir, sin desequilibrarnos, nuestras circunstancias y nuestro entorno. **Mejorar nuestro bienestar emocional, nuestra paz y nuestra serenidad está en nuestras manos, con decisión, voluntad y práctica.**

Un factor fundamental para conseguir ese estado interno de felicidad deseada en el que sentimos esa calma, esa satisfacción de **vivir en equilibrio** pasa inexorablemente por ser coherentes entre lo que pensamos y lo que hacemos.

Desde mi visión, **los escalones para conseguir una vida equilibrada en actitud positiva son los siguientes:**

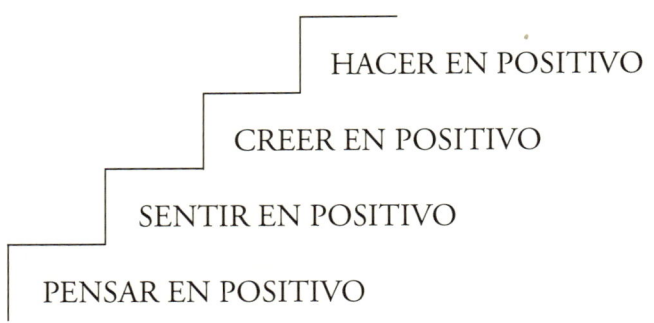

HACER EN POSITIVO

CREER EN POSITIVO

SENTIR EN POSITIVO

PENSAR EN POSITIVO

## ME CONOZCO, ME ACEPTO Y ME QUIERO

Es básico que tengamos bien claro cuáles son los principios por los que nos regimos en la vida, nuestra escala de valores, nuestras prioridades. Esto determinará parte de nuestra identidad, de nuestra forma de ser y, por lo tanto, de nuestra forma de actuar.

**El autoconocimiento, es decir, conocer nuestras virtudes, cualidades y habilidades, es primordial. Esto, unido a nuestra actitud, nos permite alcanzar nuestro máximo potencial.**

Pensemos en nuestras virtudes, ya que estas son las que nos darán la base y nos servirán de guía para elegir las acciones y las conductas que, a cada una en particular, nos hagan feliz.

**¿A que nunca os habéis parado a pensar cuáles son esas virtudes?** Nos suele costar definirnos, detectar aquellas cualidades que nos representan. Tenemos un gran potencial. Es necesario ser conscientes de esas virtudes para fortalecer nuestra autoestima y crear la fuerza interior que necesitamos para lograr nuestro bienestar.

Pues os lo voy a poner fácil. Aquí os dejo un listado de ejemplos de virtudes: cuarenta en concreto. ¡Venga animaos! Vais a daros cuenta que tenéis más de las que creéis… Podéis coger un lápiz y marcar las vuestras, ponerles una cruz, subrayarlas, hacerles un círculo… lo que os apetezca: cuanto más, mejor… **pasad a ser conscientes de todo lo bueno que hay en vosotras.**

- ❏ Amable
- ❏ Apasionada
- ❏ Alegre
- ❏ Agradecida
- ❏ Asertiva
- ❏ Cariñosa
- ❏ Creativa
- ❏ Colaboradora
- ❏ Coherente
- ❏ Confiable
- ❏ Constante
- ❏ Decidida
- ❏ Disciplinada
- ❏ Eficiente
- ❏ Empática
- ❏ Entusiasta
- ❏ Estable
- ❏ Extrovertida
- ❏ Flexible
- ❏ Generosa

- ❏ Humilde
- ❏ Íntegra
- ❏ Inteligente
- ❏ Intuitiva
- ❏ Leal
- ❏ Luchadora
- ❏ Ordenada
- ❏ Paciente
- ❏ Puntual
- ❏ Resiliente
- ❏ Respetuosa
- ❏ Responsable
- ❏ Serena
- ❏ Sincera
- ❏ Sociable
- ❏ Solidaria
- ❏ Tenaz
- ❏ Tolerante
- ❏ Valiente
- ❏ Versátil

Después del 1 viene el 2. Por ello, después de profundizar en nuestro autoconocimiento vamos al siguiente paso: a querernos, a fortalecer nuestra autoestima.

**Nuestra AUTOESTIMA, esa valoración global que hacemos de nosotras mismas, es un pilar fundamental para lograr nuestro bienestar emocional.** Esa valoración incluye lo que pensamos y sentimos sobre nosotras y la consiguiente satisfacción que poseemos de nuestro ser. Nuestro amor propio se va desarrollando a lo largo de nuestra vida. Está formado por varios factores: nuestra propia forma de ser, nuestras experiencias y las influencias de nuestro entorno. Tal vez estéis pensando que no habéis sido valoradas por vuestra madre, por vuestra pareja, etc, y que por eso tenéis una baja autoestima. Tal vez así sea, en parte. La buena noticia es que **la autoestima es un factor, una característica relevante de nuestra personalidad que podemos modificar, trabajar, desarrollar y aumentar.** Y es aquí donde no valen justificaciones, no vale echar la culpa a los demás. Si los demás tienen la culpa ¿cómo vamos a tener nosotras la solución? Nuestra madurez incluye ponernos manos a la obra y trabajar en ello, siendo nosotras las responsables de lograrlo. Una persona inmadura culpabilizará a sus padres, a su pareja o al entorno de su desdicha.

Una autoestima correcta nos hace sentirnos valiosas y con confianza en nosotras mismas. Recuerda:

## Cuando te quieras y confíes en ti misma, sabrás cómo vivir.

Resumiendo: conocerse, aceptarse y quererse serán los pasos ineludibles para lograr una correcta y beneficiosa autoestima.

---

**CONOCERSE + ACEPTARSE + QUERERSE = AUTOESTIMA**

---

Ya sabemos que es necesario aceptarnos a nosotras mismas, pero que no se nos olvide aceptar a los demás. **Aceptar a los demás tal cual son es algo fundamental para nuestro bienestar.**

Para ello no es saludable esperar de los demás más de lo que nos puedan dar, ni tampoco intentar cambiarlos. Ya tenemos bastante faena con cambiarnos a nosotras mismas como para ponernos a hacerlo con los demás. Solo en el caso de que alguien en particular nos pida ayuda debemos meternos en ese berenjenal. (Sonrío).

**¡Atención! ¿Qué síntomas señalan que tenemos una baja autoestima?**

**— No soy capaz de defender mis puntos de vista con asertividad.**

Creo que mis opiniones no tienen el mismo valor que las de los demás o no voy a saber argumentarlas o tengo miedo a ser rechazada por mi forma de pensar. Incluso no me atrevo a imponerme en determinados momentos en los que es necesario plantarse.

**— Soy demasiado indecisa.**

No tengo seguridad en mis criterios a la hora de tomar decisiones. Me resulta muy difícil tomar la iniciativa.

**— Me comparo a la baja con la imagen física, capacidades o logros de los demás.**

Pienso más en mis defectos, en mis puntos débiles, que en mis fortalezas. Me siento poco atractiva o con pocas cualidades intelectuales. En definitiva, creo que no estoy a la altura del resto de los mortales.

**— Tengo miedo a equivocarme.**

Como de antemano creo que no voy a lograr mis objetivos, me desmotivo, no me esfuerzo y me cuesta acabar lo que empiezo. Además, tengo miedo al ridículo y por eso muchas veces me mantengo quietecita. Si no haces nada, no te equivocas ni te pones en ridículo. Pero claro, te quedas sin vivir como de verdad te gustaría.

— **Me preocupa en exceso lo que piensen de mí los demás.**
Me influye demasiado en mi forma de actuar, me autolimito y no hago lo que quisiera.

— **Necesito la aprobación de los demás con mucha frecuencia.**
La búsqueda de esa aprobación, de ese *visto bueno*, se convierte en un problema cuando es una necesidad imperiosa y no un deseo sano de querer agradar sin perder nuestra identidad. Es imposible, queridas amigas, pasar por este mundo sin despertar la crítica de alguien. Es imposible caerle bien a todo el mundo, gustarle a todo el mundo, o que todo el mundo opine como nosotras.

— **Casi nunca estoy satisfecha con mi vida.**
No valoro mis logros al creer que son fruto de causas externas y no de mi propia valía.

— **Me siento culpable.**
Cuando creemos que hacemos mal las cosas, o no las hacemos suficientemente bien, nos sentimos culpables. Creemos que si no nos sentimos angustiadas por haber realizado esa mala acción significa que no somos buenas personas. Hablaremos más, largo y tendido, en otro apartado sobre la culpa, porque necesito profundizar en ello, ya que el sentimiento de culpa está demasiado presente en nuestras vidas.

Si os habéis identificado con algunas, o demasiadas, afirmaciones de las anteriormente descritas…, ¡necesitáis un cambio! ¡Vamos a ponerle remedio!

Queridas amigas, si no creemos en nosotras mismas nos convertimos en nuestras propias enemigas. Y eso de *Durmiendo con su enemigo* se lo vamos a dejar a las películas.

La baja autoestima nos puede llevar a lo que se llama *profecía de autocumplimiento*, en este caso en sentido negativo.

Al no creer en nosotras, no nos valoramos, por lo tanto, todo nuestro ser se predispone a que esa falta de autoconfianza influya negativamente en el resultado de todo lo que queramos realizar, sea del tipo que sea. Incluso nos puede llevar a no intentarlo siquiera.

Y dicho todo esto, ¿qué os parece si pasamos a construir sobre… **cuáles son los ingredientes necesarios para aumentar nuestro amor propio?** Voy a plasmarlos en términos de NO y SÍ, para expresarme lo más claramente posible. Muchos de estos puntos están desarrollados en otros capítulos del libro, por ello, solo los explico brevemente.

# NO
**No al hiperfeccionismo**
**No al hipercontrol**
**No a la tiranía de los *tengo que* o *debería***
**No a la tiranía de la belleza**
**No a culpabilizarnos**
**No a quejarnos continuamente**
**No a exigirnos demasiado**
**No a estar pendiente de lo que piensen los demás**

# SÍ
**Sí a la aceptación**
**Sí a centrarnos en nuestros logros, cualidades y fortalezas**
**Sí a la flexibilidad**
**Sí a dedicarnos tiempo**
**Sí a dejar el pasado en pasado**
**Sí al cambio**
**Sí a la gratitud**
**Sí a desaprender y aprender**
**Sí a tomar conciencia de que la felicidad depende de nosotras**

# Los NO

### — NO al hiperfeccionismo
Si buscamos la perfección, nunca estaremos satisfechas.

### — NO al hipercontrol
Hemos aprendido a ejercer tal control sobre nuestra conducta que cuando cometemos un leve error según nuestros rígidos parámetros, nos castigamos con la autocrítica y la culpabilización. Además, el hipercontrol nos hace estar alerta de forma continua, no sea cosa que nos equivoquemos: «¡Madre mía! ¡Qué desastre!» Perdemos espontaneidad y no disfrutamos del momento ya que estamos pendientes de mil cosas.

### — NO a la tiranía de los *tengo que* o *debería*
Una mujer que está convencida de que tiene la responsabilidad ineludible de cumplir con todas las tareas y llegar a lo imposible siempre y sin fallos comete un grave error. Y, por otra parte, puede ser que esa necesidad de sentirse tan competente, tan útil o tan imprescindible puede llevar escondida una frágil autoestima.

### — NO a la tiranía de la belleza
Cuidarnos y sentirnos bonitas está genial, pero sin caer en obsesiones ni en imposiciones sociales.

### — NO a culpabilizarnos
Lo sano será hablar en términos de responsabilidad y no de culpa.

### — NO a quejarnos continuamente
La queja en sí no es perniciosa, ya que al quejarnos solemos buscar una solución externa: la dirigimos *a quien corresponda*. En el caso de reclamar un derecho justo, la queja es normal.

Ahora bien, si somos *quejicas*, si la cantidad de nuestras quejas es excesiva, la queja pasa a ser algo inconveniente. Nos podemos convertir en mujeres casi inaguantables para los demás. Además, esa actitud es una influencia negativa para nuestro bienestar. Si somos quejicas centramos nuestra atención en los problemas, en lo negativo, en lo que nos falta, con la consiguiente repercusión: dejamos de percibir lo bueno de la vida.

Si nos detuviéramos a pensar y escribir en una hoja las quejas de un día cualquiera, nos daríamos cuenta de que la mayoría son tonterías: el mal tiempo, las colas, el complicado aparcamiento, una llamada a deshora… Os propongo realizar esa lista… ¡Alucinaréis! Al hacerlo tomaremos conciencia de cuánto y de qué nos quejamos. A su vez, nos daremos cuenta de la cantidad de lamentos innecesarios que expresamos o pensamos. Y podremos pasar a abstenernos de hacerlos. Un truco que yo he hecho para darme cuenta de cuánto me quejo y lograr un día con cero quejas fue cambiar el reloj de muñeca cada vez que me quejaba. Bueno, os contaré que los primeros días me lo cambié muchas veces, demasiadas. Poco a poco, en cuanto fui tomando conciencia de lo inútil de la mayoría de mis quejas, logré no quejarme un día entero. Si somos constantes conseguimos cambiar ese patrón de conducta.

Por otra parte, respecto a las preocupaciones importantes de las cuales nos quejamos, podremos concentrar nuestras energías en resolverlas por nosotras mismas o pidiendo ayuda. Eso sí, con una vez que nos quejemos para tomar nota es suficiente. Hagamos lo que podamos por cambiar lo que no nos guste, solucionar lo que nos inquiete y, si no está en nuestras manos la solución, no le demos vueltas: no nos quejemos una y otra vez.

— **NO a exigirnos demasiado**
No tenemos que hacerlo todo perfectamente, no somos robots. Somos maravillosamente humanas y por eso tenemos cualidades y también limitaciones.

**— NO a estar pendiente de lo que piensen los demás**

No vale la pena que demos explicaciones sobre nuestra vida. No estamos obligadas a justificar cada cosa que decidimos hacer. Eliminemos de nuestra mente la presión social que nos lleva a dar esas explicaciones sobre cómo somos y qué hacemos. Seamos nosotras mismas con total libertad siempre que no perjudiquemos a nadie.

# Los SÍ

### ✓ SÍ a la aceptación

Lo que no aceptamos ni lo podemos cambiar ni lo podemos superar. Cuando conseguimos aceptar nuestro ser y nuestra realidad, se produce un cambio profundo y beneficioso que hace que sintamos una liberación interna. Respecto a nuestro ser, a veces no aceptamos nuestra apariencia, nuestro cuerpo: que si somos bajitas, que si somos anchitas, que si tenemos el pelo demasiado liso, demasiado rizado... O bien no aceptamos nuestra capacidad intelectual y nos menospreciamos. Para quererse hay que aceptarse, y al valorarnos podremos querer más y mejor a los demás.

Por otra parte, respecto a nuestras circunstancias, la lucha continua contra lo que no podemos cambiar es frustrante, traumática: es algo que nos vacía y nos resta. Nos desgasta pensar ¿qué he hecho yo para merecer esto tan negativo que me está pasando? La respuesta muchas veces será: nada. Sería mejor preguntarse ¿qué puedo o necesito aprender de lo que me está ocurriendo? Ya sé que nos cansamos de tantos obstáculos. Yo misma, a veces, de forma irónica me digo: «¡Caray, que ya me lo sé! ¿Por qué otra vez me pasa más de lo mismo...? ¡Si ya lo he aprendido...! Por favor, un poquito de tranquilidad». Pues tal vez necesite aprender más y superarme o, simplemente, sin más, aceptar y avanzar. La aceptación no significa que nos guste una circunstancia adversa o pasar por un momento difícil. Yo misma, cuando me divorcié, no pensaba: «¡Qué divertido es divorciarse!». Eso no es así. Lo que sí pensaba era que después de la tormenta iba a estar más tranquila e iba a empezar una nueva etapa. La aceptación es ser consciente de lo que estamos viviendo para poder sobrellevar mejor esos momentos duros, en muchos casos sintiendo que es lo mejor a medio o largo plazo. Vamos aprendiendo a adaptarnos y a buscar nuestro camino. La aceptación siempre será fuente de satisfacción.

### ✓ SÍ a centrarnos en nuestros logros, cualidades y fortalezas

Conocernos nos dará el punto de partida para tomar decisiones y utilizar nuestras virtudes a nuestro favor.

### ✓ SÍ a la flexibilidad

A lo largo de nuestra historia vital hemos aprendido unos criterios estándar que se supone que son los correctos e infalibles para alcanzar el éxito y la felicidad. Estos valores son en parte irracionales por su imposibilidad de llevar a la práctica. Si nuestro objetivo de vida es alcanzarlos, nos generaremos expectativas desmesuradas. Plantearnos la vida de una manera rígida y absoluta donde no hay cabida para los matices nos llevará irremediablemente a la frustración. Sin flexibilidad, cada vez que creamos que fallamos o fracasamos en algún punto o apartado de esas normas estrictas de vida que tenemos, reaccionaremos en términos de frustración. Al no tolerarnos ese fallo nos fustigamos con mensajes del tipo: «No valgo para esto», «Nunca lo conseguiré», «Siempre me sale mal», «Soy un desastre». Abrir nuestra mente a la flexibilidad nos permitirá adaptarnos con imprescindibles dosis de tolerancia.

### ✓ SÍ a dedicarnos tiempo

Mimarse y pensar en una misma no es egoísta. Cuanto mejor estemos, más y mejor podremos ofrecer a los demás.

#### ✓ SÍ a dejar el pasado en pasado

No arruinemos el presente por algo del pasado que no tiene futuro.

#### ✓ SÍ al cambio

El miedo al cambio nos limita, nos hace pequeñas, diminutas. Nos hace bucear en un mar de dudas y sentirnos excesivamente frágiles. Evolucionar, crecer, aprender y tomar decisiones es fundamental e ineludible.

#### ✓ Sí a la gratitud

Cuando no practicamos suficientemente la gratitud nos centramos demasiado en lo que creemos que nos falla para ser felices. Ser agradecida nos da calma, serenidad y satisfacción. Al agradecer, reconocemos lo que sí tenemos, somos conscientes de ello y pasamos a vivirlo con más intensidad.

#### ✓ Sí a desaprender y aprender

Tener la inquietud de seguir aprendiendo es fundamental para prosperar en todos los ámbitos. Desde mi punto de vista, ser ignorante no significa no saber algo, sino no tener la intención de quererlo saber. No se trata de ser mejor persona que otra, se trata de ser mejor de lo que éramos ayer. Nunca debemos dar todo por sabido y, aunque siempre hay más preguntas que respuestas, es tan importante no necesitar las segundas como no dejar de hacerse las primeras. Detrás de un obstáculo, de un problema, existe un aprendizaje muy elevado en potencia. Cada problema u obstáculo puede ser una oportunidad para conocernos mejor y descubrir fortalezas que ni una misma sabía que tenía. En verdad, crecemos más en los malos momentos que en los buenos momentos. Si nos hacemos la pregunta «¿Las lecciones más importantes de mi vida cómo y cuándo las he aprendido?», estoy convencida de que estaremos de acuerdo en que han sido en momentos y etapas difíciles. Es aquí donde sucede nuestro mayor crecimiento personal. A veces nos ocurre que no vemos la lección, pero eso no significa que no exista, tal vez nos demos cuenta con el tiempo.

### ✓ SÍ a tomar conciencia que la felicidad depende de una misma

Debemos tomar las riendas de nuestras vidas, sabiendo quiénes somos, cómo somos y lo que queremos. En definitiva, cuanto más fortalezcamos nuestra autoestima más fácilmente lograremos:

— Estar más contentas y satisfechas con nuestra vida.
— Encontrarnos más preparadas para afrontar situaciones complicadas.
— Saber gestionar nuestras emociones.
— Tener más posibilidades de entablar relaciones sanas y enriquecedoras con los demás.

Todo en el mundo fluye con un nivel de energía y nosotras somos emisoras y receptoras de esa energía. Al formar, componer, armar una autoestima fuerte, radiaremos una energía positiva a los demás y a la vez transmitiremos una gran confianza y seguridad en nosotras mismas. Una canción del grupo Coz que sonaba en mi época discotequera decía «las chicas son guerreras», yo digo más aún: las chicas somos invencibles. Y así lo expreso:

**Conocerte te hará fuerte,
aceptarte te hará poderosa,
valorarte y quererte te hará invencible.**

# 2. NO SOY PERFECTA, PERO NO HAY NADIE QUE SE ME PAREZCA

# 2

# NO SOY PERFECTA, PERO NO HAY
# NADIE QUE SE ME PAREZCA

## LA IDEA DE PERFECCIÓN NOS PRESIONA

**¿Te suena de algo?**

Sé discreta. Viste sencilla pero elegante. Hazte valer con los hombres. Maquíllate, pero que no se note. Vigila tu peso. Sé sexy, pero no enseñes demasiado. ¡Se te va a pasar el arroz! Ponte crema anticelulítica. ¿Para cuándo la parejita? Da volumen a tu pelo. ¡Estás imposible, seguro que tienes la regla!…

**¿Y esto, en tu mente cada día?**

Tengo que coger hora en el pediatra. Que no se me olvide llamar al técnico de la lavadora. Tengo que comprarle el disfraz a la niña. Mañana tutoría con el niño. Tengo que pasar por el súper cuando salga del trabajo. Que no se me olvide sacar la carne del congelador. A ver si saco una hora y voy al *gym*. ¡Uf, la raya!, tengo que coger hora en la peluquería…

> **Respira**, de verdad,
> para un momento.
> Deja ir las presiones,
> la culpabilidad,
> eres única,
> eres bonita,
> eres *edición limitada*,
> y **aprende como mujer a disfrutar de la vida.**
> ¡Ojalá este libro te ayude a conseguirlo!

Estoy emocionada de poder escribir sobre este tema en especial y tener la oportunidad de transmitiros mi opinión y contribuir a que nos libremos de complejos y presiones.

Para mí **la perfección no existe, es una mentira que nos presiona, nos agobia, nos impide alcanzar nuestro potencial. Nos pone metas inalcanzables y nos produce demasiada insatisfacción.** Eso no quiere decir que no nos esforcemos y no nos superemos. Por supuesto que sí, no hay que ponerse límites para ser la mejor versión de nosotras mismas. Vamos a detenernos a pensar...: ¿Qué significa el concepto *perfecto*? «Que tiene las máximas cualidades requeridas sin defecto alguno». A mi modo de ver, lo utilizamos adecuadamente cuando nos referimos a objetos para expresar que ese algo se encuentra en excelentes condiciones, sin daños, sin fallos.

En cuanto a objetos o conceptos, es muy fácil calificar con mayor o menor objetividad. Por ejemplo: pueden ser perfectos el resultado de una división, la rima de un poema o los resultados de un análisis. Si nos vamos al terreno de lo humano, lo completamente perfecto no existe. Bueno, para los teólogos o los creyentes, la perfección absoluta solo pertenece a Dios. Así que, queridas amigas, **aunque nosotras seamos «divinas», lo perfecto se lo dejamos a Dios.** Uf, ¡qué alivio!

¿Qué significa eso para nosotras? Pues os cuento que, para mí, desde que dejé la intención de ser una *mujer perfecta* con esa presión de querer dar la talla que me encorsetaba, he pasado a sentirme consciente de mi feliz existencia perfectamente imperfecta. Y es así porque me siento protagonista de mi vida: yo soy mi propia directora y disfruto de cada momento permitiéndome el lujo de cometer errores, arriesgar, equivocarme y aprender. Y, a pesar de todo ello, quererme y sonreír.

## EL ARTE DE SER *PERFECTAMENTE IMPERFECTA*

Podemos encontrar en el mundo de la filosofía el significado que nos conviene para ser felices siendo perfectamente imperfectas. La filosofía nos habla de la perfección relativa, considerada como un atributo que se puede adjudicar a lo que es perfecto en sí mismo. Traduzco:

**Cada quien es perfecta tal cual es. Tú eres única, no hay otra mujer como tú entre 3900 millones de mujeres que somos en el mundo.**

¡Fascinante! ¿No crees?

Por otra parte, desde la psicología, lo que sí encontramos es el concepto *perfeccionista* que define a una persona cuyo comportamiento va enfocado a la búsqueda del ideal de perfección. Ser una persona perfeccionista tiene un lado bueno y uno malo. La parte buena se queda en ese esfuerzo por realizar una tarea con excelencia, sacar lo mejor de una misma y tener la satisfacción de conseguirlo. Ahora bien, **si nuestra forma** de vida es perseguir constantemente ser perfecta en todas las parcelas, eso **ES DE LO MALO, LO PEOR.** Nos llevará a la insatisfacción, a la frustración o, incluso, a la depresión. Nos hará amargarnos la existencia a nosotras mismas y a quienes tengamos al lado.

Alguien, más bien diría yo, una sociedad entera, nos ha hecho creer que:

**Para ser felices hay que tener un vida exitosa y para tener éxito en la vida hay que conseguir una vida perfecta. ¡¡Falso!!**

Es decir, nos inculcan que, para ser felices, tenemos que intentar conseguir:

— Ser tan bella como las mujeres de las portadas de las revistas.

— Tener una familia como la de los anuncios de Navidad, que se adoran y nunca se pelean.

— Tener un novio como Richard Gere en *Pretty Woman*.

— Tener una cuenta corriente como si nos hubiera tocado el Euromillón.

— Tener una casa como la de las revistas de decoración.

— Tener unos hijos como los que aparecen en los marcos de las fotos.

Ya os habréis dado cuenta, con lo que acabáis de leer, de que todas estas ideas que tenemos preconcebidas sobre lo que es una vida perfecta son **irreales**. Ya sé que estas *ideas ejemplo* son exageradas y no deseamos tanto, es una forma de sacaros una sonrisa y caer en la cuenta de lo que nos vende nuestra sociedad como modelos de vida perfecta para ser feliz. No somos Julia Roberts, que, por cierto, me encanta por su naturalidad. Para nuestro consuelo diré que no es perfecta, en el cartel de la película *Pretty Woman* las piernas dicen que no son las suyas, son de una doble ¡Qué malvada soy! (Sonrío).

Y claro está, en la vida hay situaciones difíciles, desengaños y decepciones.

¡Qué os voy a contar que no sepáis a estas alturas! **Por eso vamos a olvidarnos de lo perfecto, soltar esa carga emocional que supone intentar alcanzar metas irreales, porque no son necesarias para alcanzar una vida plena.** ¿Por qué? Porque no estamos aquí para vivir esa vida programada por otros, sino para vivir nuestra propia vida. Cada una de nosotras es perfectamente imperfecta, diseño único, *edición limitada.*

**No os comparéis con ninguna otra mujer:** primero, si comparamos los resultados de nuestra vida con otra, no tenemos en cuenta de dónde partimos, tal vez nuestros logros sean mayores porque las circunstancias de base eran más difíciles; y segundo, si nos comparamos físicamente, nos obsesionamos con nuestro aspecto. Pensad que la belleza exterior es subjetiva, que cambia con la edad y que no lo es todo. Para gustos, colores. Por fortuna no a todas nos gusta el mismo hombre, ni a todos o a todas les gusta la misma mujer.

Además, no me creo a esas mujeres a las que todo les va bien: con el pelo siempre como recién salidas de la peluquería, las casas impolutas, los hijos guapos y listos… Mujeres que nunca se enfadan con sus maridos, no lloran, no gritan no se ponen nerviosas… ¡Imposible! Postureo total, a saber, lo que tienen de verdad en sus vidas. Así que, **nunca os midáis en la escala de las demás, hacedlo en vuestro propio recorrido. Cuando una se centra en sí misma verá su propia y auténtica riqueza personal.** Lo mejor de esto es que la solución, si estamos insatisfechas con nuestra forma de vida, está en nuestras manos. Esa solución comienza por cambiar nuestra concepción de la perfección.

Queridas amigas: somos perfectamente imperfectas aun con esos kilos de más o con tantas equivocadas decisiones tomadas o con tantos intentos de relaciones frustradas o con unos hijos que suspenden o con una cuenta corriente poco saneada. Y cuando aceptemos que no somos bichos raros ni la que peor suerte tiene de sus amigas, empezaremos a construir nuestro bienestar. ¿Alguna vez has pensado o dicho esa frasecita que reza así: ¡Siempre me pasa a mí! Pues no, nos pasa a todas las mortales. Creedme, estas imperfecciones que nos morimos por esconder u olvidar son útiles para nosotras. No hay otra mujer idéntica a ti, sabes quién eres y cómo eres. **Aceptemos nuestras imperfecciones como mujeres reales que somos.** ¡Aprovechémoslo! Me apunto a imitar en su conversión a la grandísima poeta del siglo XX, Gloria Fuertes, que siempre defendió en sus poemas la igualdad entre hombres y mujeres:

## «Y convertí mis defectos en afectos. Y quedé tan guapa».

Y tal vez pensaréis: «¡Muy bien, gracias por hacerme reflexionar, pero dime algo más concreto que me valga!». Pues ahí va: os dejo unas **estrategias básicas para aceptar las perfectas imperfecciones que nos hacen únicas.**

— No aceptéis que nadie os denigre, desprecie o minusvalore.
— Reíos de vosotras mismas y de vuestros defectillos.
— Trabajad en ser la mejor versión de vosotras mismas, concentraos en vuestras virtudes, fortalezas y talentos. ¡Utilizadlos!

Tal vez sean los años los que me han hecho aprender una maravillosa lección de vida: me he dado cuenta de que **cada una de nosotras es su propia medicina cuando se descubre, se conoce y llega a valorarse adecuadamente.** Me reconozco feliz **siendo yo misma y dejando ser** a los demás. Yo misma con la rebeldía frente a los esquemas prefijados sobre la perfección. Yo misma remendada artesanalmente con el aprendizaje surgido, en ocasiones, del dolor emocional. Esos retos que logramos superar y que nos convierten en la mujer bonita que somos ahora; que nos transforman en esa mujer que, sabiendo lo que es y lo que quiere, no necesita demostrar nada a nadie ni dar explicaciones a quien no se las merece.

**Y, cuando somos esa mujer que se percibe menos perfecta y con derecho pleno a serlo sin sentir presión ni culpa, es entonces cuando emergen nuestras fortalezas.** No somos débiles, somos fuertes y sensibles. ¿Qué digo? Fuertes no, muy fuertes, por nuestra resistencia y valor de espíritu. Y más que sensibles, porque vivimos intensamente, comprendemos y aceptamos. Y esa sensibilidad tan nuestra, tan *femenino singular* nos permite entender el mundo que nos rodea de una determinada forma, y procesar esa información de una manera que va más allá de lo meramente racional, traspasando nuestro corazón, nuestra alma de mujer.

Siempre me sale una sonrisa cuando veo una imagen con frase, de esas que te llegan por varios medios, en la que se ve a una mujer andando por la calle cogiendo de la mano a su hija. La niña le pregunta a su madre.

—Mamá, ¿Qué significa rendirse?

—No lo sé, hija —le responde la mujer—. Nosotras somos mujeres.

¡¡Genial y real!!

Recuerda siempre, querida amiga:

**No somos la estatura, ni el peso, ni la talla. Somos nuestra manera de sonreír, nuestro brillo en los ojos y las emociones que provocamos en los demás. Y eso es lo que recordarán de nosotras, cómo les hacemos o les hicimos sentir. Además, cómo hacemos sentir a los demás dice mucho acerca de nosotras.**

La extraordinaria escritora, cantante y activista por los derechos civiles estadounidenses Maya Angelous (1918-2014) nos dejó un legado extraordinario con su obra, y quiero destacar una de sus frases por su pertinencia al tema y por la sencillez de su sabiduría:

## «La gente olvidará lo que dijiste, olvidará lo que hiciste, pero nunca olvidará cómo les hiciste sentir».

Por cierto, volviendo a hablar de lo maravilloso que es ser única, sin clonación posible, creo que nunca deberíamos considerarnos *una mujer normal*. Como dice el título de una canción: *Normal es un programa de la lavadora*. **Nosotras somos sustantivo femenino, singular y propio**, no común. Intentar encajar en todo lo que se nos vende como *normal* no es una buena idea. No me refiero a ser rara y que nadie nos entienda. Me refiero a destacar por nuestra forma de ser, a convertirnos en esas personas que ocupan espacio porque no pasan desapercibidas. Al contrario, llaman la atención porque llenan, porque suman, porque multiplican, porque transmiten *buen rollo*, porque dejan huella, y nunca cicatrices. Asimismo, si intentamos ser *normales* no nos soltaremos, no nos daremos la oportunidad de saber lo increíble que podemos llegar a ser. La eterna juventud radica en la mente y, sobre todo, en el corazón.

En definitiva, todo mi sentir actual lo veo expresado con esta máxima:

**Cada día
más auténtica,
menos perfecta,
más feliz.**

Haciendo un largo paréntesis, voy a reflexionar con vosotras sobre el sentimiento de culpa excesivamente presente en nuestras vidas y que nos impide lograr ese bienestar anhelado. La culpa está relacionada en muchas ocasiones con el intento de ser perfecta.

¿Qué te parece si…

## ¿NOS BORRAMOS DEL MÁSTER EN CULPABILIDAD?

**Las mujeres somos expertas en sentirnos culpables.** Hemos hecho la licenciatura o, como se dice ahora, el grado, el posgrado y muchas de nosotras el doctorado. Ahora se lleva hacer *masters,* y ahí andamos, cursándolo. Mejor nos desapuntamos, ¿no os parece?

Todas, en algún momento, o en demasiados momentos, hemos sufrido alguna vez por el *peso de la culpa* con motivo o, la mayoría de veces, sin él, tal vez por algún hecho importante, generalmente por cuestiones irrelevantes en un contexto global de vida.

Nos exigimos demasiado, nos lo tomamos todo a la tremenda y de ahí viene el sentirse mal por no llegar a todo, aunque tengamos millones de razones para que eso sea lo lógico y normal.

Somos tontas de remate, nos sentimos culpables cien veces al día y casi siempre de una forma injusta con nosotras mismas. Todas queremos llegar a todo como si el día tuviera el doble de horas. Queremos cuidar bien de nuestros hijos, de nuestros padres y, por supuesto, mantener la chispa con nuestra pareja. Si eso no es suficiente, ser excelente en el trabajo y tener la casa impecable. Además, comer sano, practicar deporte y tener una vida social activa. ¡Ah! y todo esto manteniéndonos estupendas en una talla 38, faltaría más…

¡¡Alucinante!! ¿No? Lo que yo digo: tontas no, tontísimas. ¡Ah! Y encima: ¡lo que nos cuesta delegar!

Estamos educadas en ser sacrificadas, abnegadas, en dar todo de nosotras, el doscientos por ciento, sin más, porque nos nace o nos creemos que es nuestra obligación, pero hay que mirar un poco más por nosotras, y no hablo de egoísmo. En este tema de *la culpabilidad* deberíamos copiar a los hombres. Ellos son más listos en eso, tienen menos remordimientos y se perdonan a sí mismos con mucha más rapidez y facilidad. Tal vez sea por cómo nos han educado. Nos han enseñado a sufrir y padecer con exceso, ya que, de lo contrario, se nos podría considerar irresponsables. Tal vez algo tenga que ver la influencia de la sociedad, o tal vez por nuestra propia idiosincrasia. ¡Qué más da la razón! Por eso creo que deberíamos soltar esa emoción inútil, descartarla.

Dicho todo esto, vamos a lo práctico: **¿Cómo empezamos a soltar la culpa?** Hagámonos la siguiente pregunta: por muy grande que sea el sentimiento de culpa, ¿vamos a poder cambiar las consecuencias de lo ya hecho? Está claro que, aunque nos sintamos muy culpables, nunca podremos cambiar el pasado. Además, nos desgasta emocionalmente y puede acarrearnos desde sentirnos incómodas hasta la más absoluta tristeza. Si hicimos mal algo importante o grave, no lo podemos cambiar; solo queda en nuestras manos aprender y, si fuera posible, reparar el daño hecho, aunque ya solo sea pidiendo perdón.

Si se trata de las pequeñeces que nos agobian por no hacerlas perfectas en nuestro día a día pues vamos a **cambiar el chip ya.**

## Lo grave no es equivocarse, lo grave es no aprender de los errores.

Habrá que **empezar a decir NO a lo innecesario, a confiar en el otro y delegar tareas, a no querer tenerlo todo bajo control.** Hay que tener claro que *error* no equivale a *fracaso*. Hemos de ser más amables y benevolentes con nosotras mismas.

## LA TIRANÍA DE LA BELLEZA

Me viene a la mente una viñeta de cómic que he visto varias veces en redes sociales. A la derecha se veía a un hombre mirándose al espejo, la imagen que veía reflejada era de un varón alto, musculado, hasta con tableta de chocolate, vamos, ¡que estaba cañón! Esa imagen de cómo él se veía distaba bastante de la realidad. Por el contrario, a la izquierda, se veía a una mujer bonita, ¿y qué es lo que veía reflejado en el espejo? Pues una mujer con barriguita, cartucheras, fofa… Me imagino que estaréis sonriendo, porque a todas nos pasa. Somos tan exigentes que nos autoboicoteamos. Nos miramos y vamos a pillar el fallo, lo que no está, según creemos, perfecto. ¡Nos equivocamos de todas todas! Con esto no pretendo tirar piedras al sexo masculino. Solo pretendo ayudarnos a que no nos infravaloremos y, por lo tanto, a que nos apreciemos adecuadamente.

Así que, queridas amigas, la próxima vez que nos miremos en el espejo con la intención de criticarnos, de lamentarnos por no estar igual que hace diez años, o por no cumplir con unos cánones ajenos y absurdos, recordemos lo afortunadas que somos por tener ese cuerpo que irradia una ilusión por vivir que se contagia y que nos hace ser tan bellas. Dejémonos de tonterías y gustémonos por encima de todas las presiones que sufrimos.

Tenemos la mala costumbre de autocriticarnos sin piedad de una forma dañina. Incluso si alguien halaga nuestro aspecto, solemos contestar con una justificación, quitándonos valor. Por ejemplo, cuando alguien nos dice:

—¡Qué guapa estás!

—¡Hoy estás bellísima!

—¡Qué cara más bonita tienes!

—¡Estás estupenda, qué tipazo!

Nosotras contestamos, entre otras excusas:

—Es que voy maquillada.

—Tú que me ves con buenos ojos.

—Cómo se nota que eres de mi familia.

—¡Qué va! Si estoy fatal.

—¡Anda ya! Si he engordado un montón.

¿Qué os parece si cambiamos ese tipo de respuestas por un sencillo…?

—¡Gracias!

Estaría genial recibir los halagos como un regalo, agradecerlos y sentirnos requetebién, sin más vueltas.

Respecto a la búsqueda de la belleza, por supuesto que a todas nos gusta sentirnos guapas, pero ¿hasta qué punto nos hemos convertido en esclavas de nuestra imagen? La sociedad nos presiona en exceso, en especial a las mujeres. No hay más que mirar a nuestro alrededor. Las clínicas de cirugía estética proliferan y nos invade la publicidad de cremas antiarrugas milagrosas, fajas reductoras y sujetadores *push up*.

Mi postura es coger aquello que me sume, que mejore mi potencial en cuanto a mi imagen, porque me gusta verme bonita.

Ahora bien, sin caer en la obligación, y menos en la obsesión. Yo misma, hay días en los que me hago una coleta, me pongo unos vaqueros y salgo a la calle a cara lavada. Y otros en los que me apetece ponerme unos tacones y un labial rojo carmesí.

Como siempre, el sentido del humor va a ser clave, por ello os recomiendo que hagáis una dieta equilibrada que incluya comerse a besos a alguien de vez en cuando. ¡Infalible! (Sonrío).

Y por favor, grabaos esta idea en vuestras mentes:

**La belleza comienza en el momento en el que decides ser tú misma.**

## MUJER EXTRAORDINARIA

Me gustaría que desterráramos de nuestras mentes la idea de querer ser una *superwoman* por la presión perjudicial que ello conlleva. No se lo digáis a nadie, pero es que las mujeres somos extraordinarias. Somos la repera, somos capaces de redescubrirnos y reinventarnos las veces que haga falta. (Sonrío).

Y por si eso fuera poco, nuestra biología juega a nuestro favor. Según la neuropsiquiatra Louann Brizendien: «El cerebro femenino tiene muchas aptitudes únicas: sobresaliente agilidad mental, habilidad para involucrarse profundamente en la amistad, capacidad casi mágica para leer las caras y el tono de voz en cuanto a emociones y estados de ánimo y una gran destreza para desactivar conflictos».

¡Pues eso! ¡Qué suerte tenemos de ser mujeres! Todas y cada una de nosotras.

Os escribo una bonita apreciación, no soy poetisa, así que pido disculpas por anticipado, lo que sí os puedo asegurar es que la escribo desde lo más profundo de mi *ser mujer*. Espero que os reconforte. Para mí somos **mujeres extraordinarias**, no perfectas, por eso la titulo Mujer Extraordinaria, mujer Extra /*Xtra Woman*.

## MUJER EXTRAORDINARIA
### *XTRA WOMAN*

Veo a una mujer sensible que llora en las películas románticas,
y a otra que soporta el más duro revés.

Veo a una mujer que no necesita protección,
y a otra que necesita el abrazo de una pareja.

Veo a una mujer que necesita una mano amiga que le diga:
*¡todo va a salir bien!,*
y a otra con tanto coraje que se cae mil veces y se vuelve a levantar.

Veo a una mujer que se acuesta llorando,
y a otra que se levanta ilusionada con una sonrisa.

Veo a una mujer tan tímida que se sonroja con una mirada,
y a otra tan descarada que se come el mundo.

Veo a una mujer que sigue un camino recto,
y a otra que tropieza con la misma piedra y la de al lado.

Veo a una mujer frágil y vulnerable,
y a otra fuerte y luchadora, de acero forjado.

Y todas son **la misma mujer**,
**tú misma, yo misma, ella misma.**
Porque eres auténtica:
una **mujer real**.

# 3. ¿CUÁNTOS AÑOS TIENES?

# LOS QUE TE QUEDAN POR VIVIR

# 3

## ¿CUÁNTOS AÑOS TIENES?

## LOS QUE TE QUEDAN POR VIVIR

### EL VALOR DE LA EDAD QUE SIENTO

**La edad es cómo sientes, cómo vives, cómo piensas: tus inquietudes e ilusiones.**

Ser jovencita es maravilloso, pero yo no cambio mis cincuenta actuales por nada. No es que los cincuenta de ahora sean los cuarenta de antes, es que ahora tengo más ganas de hacer lo que me gustaría, o querría haber hecho, a los treinta.

**Cumplimos años y nos convertimos en mujeres más interesantes y más sabias y ya no estamos dispuestas a renunciar a nada y mucho menos a aguantar *malos rollos* que no sean inevitables.**

Las *cuarentañeras*, las *cincuentañeras*, las *sesentañeras* y más, somos mujeres activas, nos sentimos con la energía que nos da la sabiduría de la experiencia. Sabemos lo que no queremos y, casi siempre también, lo que queremos. Además de con quién queremos compartir nuestros momentos, sean del tipo que sean. Somos menos manipulables, menos vulnerables al *qué dirán* y en general al entorno. Somos más seguras, algo que resulta muy atractivo. ¡Ah! Y ese puntito de desinhibición que nos hace un tanto irresistibles.

Cuando cumplí cuarenta y cinco años, me divorcié después de veintidós años de matrimonio y, claro, todo mi mundo cambió. Entonces tuve la sensación constante de *querer parar el tiempo*. Me preguntaba: «¿Le pasa a todo el mundo o solo a mí?». Lo he hablado con muchas amigas y así es: de una forma u otra, por una causa o por otra, en mayor o menor medida, aparece esa inquietud. **La madurez es lo que tiene: querer exprimir los años que nos quedan.**

Lo que nos agobia es haber perdido inútilmente mucho tiempo en relaciones negativas, discusiones tontas, preocupaciones exageradas, seguir las normas y protocolos que se nos exigía, hacer las cosas que no nos gustan y posponer hacer las que realmente nos llenan.

### Y es que la vida nos parece corta cuando nos damos cuenta de lo que importa verdaderamente.

Parece que no nos va a dar tiempo de vivir plenamente, de llegar a hacer los viajes soñados, de ir a los conciertos deseados, de volver a enamorarnos, de practicar nuestras aficiones. Pero, ¡que no cunda el pánico! Sí da tiempo: nos hemos convertido en mujeres a las que la edad nos ha dado la seguridad y la motivación para hacer las cosas que nos ilusionan. Y, como declara la revolucionaria y polifacética icono musical Madonna, considerada una de las cien mujeres más influyentes del planeta:

**«No importa quién seas,
qué hayas hecho,
de dónde vengas.
Siempre puedes hacer un cambio y ser
una mejor versión de ti mismo».**

En este mismo momento, mientras estáis leyendo esta frase (y yo también mientras la estoy escribiendo), somos lo más joven que vamos a ser. Os propongo que abramos nuestros ojos, nuestras manos, nuestro corazón y aprovechemos lo más sabiamente posible cada día del resto de nuestras vidas.

**¡¡Atención!!**
En diez años vas a querer tener la edad que tienes ahora para hacer las cosas que no estás haciendo hoy.

**¡¡Que no se nos pase la vida!!**
Cada edad tiene su interés, su provecho, su gracia, su jugo. Y aunque este libro va dirigido a todas las mujeres sin importar la edad, este apartado de este capítulo lo escribo en honor de las mujeres que vivimos *la juventud de la madurez*. E intencionadamente escribo juventud porque mientras mantengamos la energía, la frescura y la ilusión por vivir con plenitud, siempre nos sentiremos jóvenes. Quiero remarcar con un toque de humor las ventajas de ir cumpliendo años. A continuación, os dejo algunas, para reírnos juntas.

## VENTAJAS DE LLEGAR A LOS 30, 40, 50 O ALGO MÁS

— Ya no te importa lo que piensen de ti.
— Te *comes con patatas* a los idiotas que te vacilan.
— Ya no tienes que cumplir las expectativas de nadie.
— Te relajas y te vuelves *disfrutona*.
— Gozas de tu sexualidad sin complejos.
— Ahora te quieres a ti misma mucho más que antes.
— Te bajas tú solita la luna y, si hace falta, el sol.
— Sabes olvidar a quien se olvidó de ti.
— No das explicaciones a quien no se las merece.
— Ya no te quedas con las ganas, ni con la culpa.
— Sabes decir «basta» y «mandar a freír espárragos».
    Como verás, lo he escrito en letra grande…
    ¡¡Yo tampoco veo nada de nada!! (Sonrío).

## APRENDER DE QUÉ VA LA VIDA

Creo que al final, aunque nos haya costado unos añitos, hemos aprendido a vivir. A mí me gusta decir que **he comprendido de qué va la vida** y, al hacerlo, una se da cuenta de que es la mujer actual por todo lo bueno y lo malo ya vivido. Y decidimos que lo que nos queda por vivir lo vamos a hacer intensamente y a nuestra manera.

Es el momento en el que nos decimos: «Voy a hacer que ocurra lo bonito porque voy a buscarlo». Hay que **amplificar los buenos momentos,** tanto si son esas pequeñas cosas del día a día, como si son acontecimientos gratamente relevantes de nuestras vidas. Y a la vez voy a relativizar, a **minimizar lo malo** que inevitablemente vendrá, sabiendo discernir lo accesorio de lo importante. **La vida todavía nos puede sorprender,** así que vamos a dejar que lo haga poniéndoselo fácil. **Vamos a hacernos la vida fácil,** querida amiga.

El primer paso es sencillo, pero muy práctico. **Es darse un tiempo de *off*:** elegir un lugar que nos relaje y no dé paz. Descansar nuestra mente, parar o desacelerar. Posiblemente nos vendrán a nuestra mente pensamientos invasivos, todo lo que tenemos pendiente de hacer, todo lo que creemos que hemos hecho mal. Todo lo negativo que nos ha pasado. Os recomiendo un sencillo y efectivo ejercicio: **eliminar los pensamientos negativos.** Visualicemos que metemos en una bolsa de basura cada pensamiento de esos, cerramos bien esa bolsa negra y la tiramos a un pozo. Vemos cómo caen en la profundidad y desaparecen en la oscuridad. **Al deshacernos de esos pensamientos negativos daremos pie a la llegada de ideas nuevas, decisiones constructivas e ilusiones renovadas.** Para que ese ejercicio dé resultado debemos practicar a diario hasta que consigamos el cambio de actitud que necesitamos. En nuestro día a día ese tiempo en *off* se puede reducir con práctica a minutos, incluso menos. Se trata de detectar lo antes posible los pensamientos negativos, observarlos, tomar conciencia de ellos y transformarlos. A mí me sirve utilizar una frase a modo de mantra cada vez que los detecto.

Esa frase es:

—*Stop*. ¡Deja ese pensamiento! Y a continuación me hago la siguiente pregunta: ¿Puedo cambiarlo por otro pensamiento que sea más constructivo? Al cambiar el pensamiento cambio mi sentimiento y dejo de sentir malestar o inquietud. **Al cambiar de actitud pasamos a abrir los ojos y ver nuestra realidad sin dramatizar y con mayor dosis de ilusión.**

A veces miramos nuestra realidad, pero no la vemos. A veces necesitamos un acto de coraje y responsabilidad personal para tomar conciencia de nuestra realidad. Necesitamos ser críticos y tener mucha valentía para observar y reflexionar sobre nuestra existencia. A veces la realidad nos duele demasiado y nos ponemos una venda bien tupida. Si nos quitamos la venda, podremos conseguir no dejarnos llevar por la rutina, que no nos gusta y que nos lleva a la insatisfacción. Tenemos miedo a no saber reaccionar, a la soledad, a sufrir a corto plazo. Pero si somos valientes venceremos estas barreras que actúan como mecanismos de defensa mentales y que nos alejan de la felicidad. Esa dieta sí que os la sugiero.

**—Estoy a dieta.**
**—¿De qué?**
**—De pensamientos negativos.**

Tal vez, a estas alturas de nuestra vida ya hemos desarrollado un sexto sentido que nos permite ver con más claridad la realidad.

Es importante que logremos diferenciar:

**Lo que no podemos cambiar,**
**y tener la entereza y la calma de aceptarlo.**

**Lo que sí podemos cambiar,**
**y tener el coraje de dar los pasos para ello.**

**Y utilizar esa sabiduría que nos da la madurez para**
**saber lo que sí o lo que no podemos cambiar.**

Estaréis pensando que es complicado lograr lo que os estoy diciendo. Pues no estoy de acuerdo: en verdad es sencillo. Es sencillo si lo hacemos, si no lo hacemos seguro que nos va a parecer complicado y difícil. Es como conducir: es muy difícil si no sabemos y muy fácil si sabemos. ¿Estamos de acuerdo? Ahora bien, es cierto que a veces resulta difícil llegar a la sencillez. Pero esa sencillez la obtendremos con nuestro sentido común, con la sabiduría que ya tenemos y la que vamos a aprender (en parte, espero, con lo que yo pueda transmitir con este libro).

Además de distinguir lo que sí o no podemos cambiar, también es conveniente para nuestra dicha saber que **hay momentos en los que es necesaria la prudencia y, cuando no sabemos qué hacer, no hacer nada.** Es cierto que cuando algo nos preocupa, lo apropiado es buscar soluciones lo más rápido posible. Tomar decisiones, actuar, hacer… Pero a veces tenemos tal caos mental que resulta que es mejor esperar, saber permanecer en calma en medio de nuestra tormenta y **aquietar nuestra mente**, desbloquearnos y encontrar la luz, la inspiración, la pista para dar el paso hacia el rumbo que elijamos. Recuerdo esa frase de nuestra sabiduría popular que dice: «**Cuando no sepas qué hacer, no hagas nada y cuando lo sepas, ¡corre!**». Pues eso. Cuando estemos demasiado confusas, agitadas, agotadas mentalmente, paremos, no nos precipitemos. No nos dejemos llevar por la impaciencia. Hay una forma útil, un truco que nos ayudará en esos casos: **la despersonalización del problema.** Todas somos más listas viendo la solución de los demás que la propia. Es lógico. Echar una mirada desde fuera nos ayudará a salir de la confusión. Es más fácil observar el problema como una espectadora que como una actriz. Imaginemos que nuestro problema en cuestión es de una amiga o de la vecina de al lado. Desde la distancia emocional que ello nos proporciona, hallaremos con más facilidad la lucidez necesaria e imprescindible para analizar y descubrir las posibles opciones a elegir como solución. No estoy diciendo que utilicemos exclusivamente la razón para indagar sobre qué decisión tomar. De hecho, estoy convencida que en nuestras decisiones, las emociones son las que se imponen en mayor medida. Es como si las emociones, los sentimientos, fuesen los que deciden y la razón, el pensamiento, tratara de justificarlos. Cuando logramos esa paz interior proveniente de conseguir tener la mente en calma, los pensamientos y los sentimientos se fusionan y nos proporcionan una visión más clara y global del problema.

La parábola budista que a continuación reproduzco, similar a la original, es ideal para entender lo que estoy exponiendo.

Buda y sus discípulos emprendieron un largo viaje durante el cual atravesaron diferentes ciudades. Un día muy caluroso, divisaron un arroyo y se detuvieron, acuciados por la sed. Buda le pidió a su discípulo más joven, Ananda, famoso por su carácter impaciente lo siguiente:

—Tengo sed. ¿Puedes traerme un poco de agua de ese arroyo?

El discípulo se dirigió hacia el arroyo, pero cuando llegó, vio que, justo en ese momento, un carro de bueyes estaba atravesándolo. Como resultado, el agua se volvió muy turbia. El discípulo pensó: «No puedo darle al maestro esta agua fangosa para beber».

Así que regresó y le dijo a Buda:

—El agua está fangosa, no se puede beber.

Al cabo de un rato, Buda le pidió al mismo discípulo que volviera al arroyo y le trajera un poco de agua para beber. El discípulo regresó al arroyo.

Sin embargo, muy a su pesar, descubrió que el agua seguía sucia. Regresó y se lo dijo a Buda, esta vez con tono concluyente:

—El agua de ese arroyo no se puede beber, será mejor que caminemos hasta el pueblo para que los aldeanos nos den de beber.

Buda no le respondió, pero tampoco se movió. Al cabo de un tiempo, le pidió al mismo discípulo que regresara al arroyo y le trajera agua.

El discípulo se encaminó al arroyo porque no quería desafiar a su maestro, pero se sentía furioso de que lo enviara una y otra vez al arroyo cuando ya sabía que aquella agua fangosa no se podía beber.

Sin embargo, cuando llegó, el agua era cristalina. Así que recogió un poco y se la llevó a Buda.

Buda miró el agua, y luego le dijo a su discípulo:

—¿Qué hiciste para limpiar el agua?

Ananda entendió el aprendizaje que le había enseñado Buda: cuando no sepas qué hacer, no hagas nada. Espera, ten calma y paciencia.

Nuestra mente, en similitud a la parábola, también a veces está perturbada con barro. Hay que darle tiempo para encontrar la transparencia del agua limpia y cristalina.

## MODO PAUSE

¿Y si le quitáramos a las *prisas* la primera letra?

### ~~P~~RISAS

Estaría genial ¿verdad? Es muy importante **cuidarnos a nosotras mismas y dedicarnos tiempo.** Un ratito cada día, un hueco a la semana, incluso de vez en cuando ponernos en modo *pause* y **desconectar de todo**. Olvidar el trabajo, el móvil, las redes sociales, las obligaciones con los hijos, con la pareja…, y dedicarnos a mimarnos a nosotras misma. A veces lo que necesitamos es abrazarnos con toda nuestra fuerza y comprensión a nosotras mismas. Sencillamente querernos más y exigirnos menos. Además, cuando desconectamos o descansamos lo vemos todo con mucho más optimismo.

## Pide un deseo.
## ¡¡Concédetelo!!

Respirar, descansar, relajarse, reconectar con tus ilusiones: veo que aunque las mujeres siempre llevamos las pilas alcalinas puestas, ¡habrá que recargarlas, digo yo!

**Perder el tiempo es un *hobby* necesario para mantener nuestro equilibrio emocional.** Despertarse sin el sonido de la alarma del maldito despertador, desayunar sin prisas y luego hacer, o no hacer, lo que sea, lo que nos apetezca, sin horarios, sin los *debo hacer* o *tengo que hacer*. Dejándose llevar y disfrutando de esos pequeños grandes momentos que son imprescindibles para recargar nuestras pilas.

Las mujeres sufrimos más estrés que los hombres y además tenemos más dificultad para combatirlo. Según un estudio llamado *La mujer de hoy* de la consultora Nielsen (líder mundial en investigación de mercado), un 66 % de las mujeres españolas se sienten estresadas y presionadas por la falta de tiempo y la dificultad para conciliar la vida profesional y la familiar. El estudio se realizó en 21 países y como muestra de los porcentajes resultantes os doy algunos datos: las francesas, 65 %; las italianas, 64 %; las mejicanas, 74 %; las indias, 87 %; y las rusas, 69 %. Vamos, que estamos serviditas de estrés… Ese estrés no es solo propio de las mujeres con hijos, es también característico de mujeres sin hijos. Con o sin hijos, las mujeres independientes que se sienten sobradamente preparadas y quieren llegar a la excelencia en su profesión, con su correspondiente merecido reconocimiento, llevan un agobio considerable. Hoy en día aún existe una brecha salarial entre hombres y mujeres y una dificultad mayor para nosotras en alcanzar determinados estatus profesionales. El *Informe de Brecha de Género del Foro Económico Mundial* revela que nosotras aún realizamos más labores del hogar y tareas referentes al cuidado de los hijos que nuestras parejas, proporcionando más tiempo al hombre, hecho que les ayuda a prosperar en sus carreras profesionales. Nosotras intentamos hacerlo todo y prosperar laboralmente, con el consiguiente mayor nivel de estrés. Este estudio y otros se repiten, y es alarmante como, con el paso de los años, los niveles de estrés aumentan considerablemente. Los datos del estudio anteriormente mencionado son de 2011, y en 2015 el porcentaje de mujeres españolas que se sentían estresadas subió al 87%. Hoy en día, ya llegamos al punto en que 9 de cada 10 mujeres españolas se sienten estresadas… En otros países europeos las cifras son similares. ¡Alarma!

Otro punto a tener en cuenta, que puede aumentar aún más nuestro estrés, es el uso (¿o abuso?) de las redes sociales y los medios de conexión actuales. Contestamos dos wasaps y enviamos otros dos. Entramos en Facebook, le damos una miradita, ponemos algún me gusta. No ha pasado ni media hora y abrimos el correo: propaganda, alertas y un mensaje del banco, ¡uf! Pasa un rato, pero sólo un ratito, y volvemos a otear el WhatsApp: unos cuantos mensajes de grupos, algún vídeo… ya puestos, te entretienes mirando los estados, a ver los nuevos. Esa secuencia de acciones de hiperconexión pueden parecer exageradas y algunas os sentiréis identificadas y otras no. Yo creo que la mayoría, sí. Si contáramos las veces al día que nos conectamos a alguna red social o medio de comunicación y sumáramos todo ese tiempo, nos asustaríamos, nos daríamos cuenta de que estamos un tanto enganchadas.

Si a esto le sumamos el *modo multitarea* que nos caracteriza a las mujeres, pues *apaga y vámonos*. Y digo vámonos…

¡Vámonos a desconectar! De lo contrario podemos caer en **un agotamiento emocional. La sobrecarga de esfuerzo, el exigirse ser tan fuerte, el exceso en asumir responsabilidades y el querer llegar a todo puede llevarnos al colapso físico y mental.**

## EL AGOTAMIENTO EMOCIONAL

El agotamiento emocional no ocurre de un día para otro, es un **proceso acumulativo.** Si somos de las mujeres que se entregan por completo al trabajo, al hogar, a los hijos, a la pareja, olvidándonos de nuestras necesidades, **¡precaución!:** nos pasará factura. El esfuerzo está muy bien, pero **el sacrificio continuo**, dando, dando y dando sin recibir la suficiente valoración y afecto **nos afectará muy negativamente.**

Os propongo que leáis esta lista de síntomas significativos de estrés elevado, a ver si estamos de acuerdo en la necesidad de tomarnos tiempos *pause*.

**¿Cómo sabemos si estamos estresadas?**

— Tenemos la agenda programada al milímetro: los días laborables y los festivos.

— Nos pone de los nervios no tenerlo todo bajo control.

— Creemos que no estar ocupada un minuto es perder el tiempo y encima nos sentimos culpables por ello.

— Nuestra excusa recurrente es «Estoy muy liada».

— Nos resulta difícil relajarnos.

— Nuestra libido ha disminuido.

¿Con cuántas os identificáis? Espero que nos sirva para reflexionar y hacer pequeños cambios en la medida de nuestras posibilidades. No se trata de hacer *magia potagia* y poder pasar del estrés total a la calma absoluta. **Se trata de ir cambiando nuestras prioridades, aprender a delegar, no tener la necesidad de tenerlo todo controlado, aprender a relativizar y a ver la belleza en la imperfección de nosotras mismas y de aquello que realizamos.** Así que, querida amiga, vamos a reemplazar nuestro chip actual y concienciarnos de no tolerar la presión social ni exigirnos en exceso. ¿Y si cambiamos esas frases típicas nuestras por otras que nos beneficien más y las hacemos nuestras? Os presento algunos ejemplos:

— No voy a recoger hoy a mi hijo al baloncesto, que vaya su padre.
— Sigo sin novio y me la trae al fresco.
— No tengo ganas de hacer hoy cena, comemos de lo que haya, no nos va a pasar nada grave.
— Tengo celulitis, ¿y qué?
— No quiero tener hijos y me da igual lo que piense la gente.
— La casa está desordenada, pero me quedo en el sofá: ya limpiaré mañana.

Repetiré las veces que haga falta que, desde mi punto de vista, somos lo que sentimos y por lo tanto somos **vulnerables a la somatización.** Además de las consecuencias perjudiciales de la falta de descanso para nuestra salud, nos enfrentamos a la posibilidad de que las tensiones y los problemas puedan enfermarnos.

**Somatizar es convertir en síntomas orgánicos y funcionales los trastornos psíquicos.** Es tener síntomas físicos que producen malestar y que no tienen explicación médica. Es habitual, cuando una se pone muy muy nerviosa —aunque exteriormente no se note—, tener cefaleas, subidas de tensión, mareos o vómitos. La cosa puede ponerse más fea y pueden desencadenarse otras enfermedades más invalidantes como dolores crónicos, fibromialgias, infartos, etc. Tengo una mala noticia: las estadísticas nos indican que las mujeres tenemos más probabilidades de somatizar que los hombres.

Para bien y para mal el cuerpo y la mente están muy interconectados. Al igual que la actitud positiva nos ayuda a mejora dolencias físicas, el agotamiento emocional nos puede sobrepasar.

Así que, chicas, atentas a los **síntomas de agotamiento emocional:**

#### — Cansancio físico
Sentirse fatigada con frecuencia. Despertarse ya cansada, tener que hacer un sobresfuerzo para afrontar las tareas del día.

#### — Insomnio
Cuando el agotamiento emocional asoma, aunque parezca contradictorio, se tienen dificultades para conciliar el sueño o nos despertamos con frecuencia a lo largo de la noche. Los problemas que nos preocupan no paran de dar vueltas en nuestra cabeza y no nos dejan dormir bien.

#### — Cansancio mental
La saturación, la sobrecarga nos llevan a olvidos frecuentes. Se piensa y se razona más lentamente.

#### — Irritabilidad
El agotamiento nos lleva al mal humor, a sentirnos molestas ante cualquier contratiempo y a estar hipersensibles. Vamos, ¡que no nos aguantamos ni nosotras mismas!

#### — Falta de motivación
Desaparece la ilusión, el entusiasmo. Se hacen las cosas como un robot, incluso afectivamente se siente menos, como si nos anestesiáramos.

— **Ansiedad**

Un nivel bajo o moderado de tensión es normal ante determinadas situaciones: un primer día de trabajo, una primera cita, la espera de unos resultados médicos... Lo que ya no es normal es tener nervios continuos por preocupaciones y miedos intensos, excesivos y persistentes que nos producen angustia.

— **Dolores de cabeza y musculares**

El cuerpo expresa lo que la mente le dicta. Esos dolores, sin explicación médica, son fruto de la saturación a todos los niveles.

## Así que recuerda: Lo importante es más importante que lo urgente. Y lo importante, querida amiga, eres tú.

**Cambiar nuestra actitud** respecto a las obligaciones diarias es fundamental. **No queramos llegar a todo con autoexigencias desmesuradas de perfeccionismo o de cumplimiento del deber hecho.** ¿Hacemos un cambio en nuestra vida y nos tomamos en serio eso de cuidarnos y mimarnos?

# 4. SOLO TENGO MIEDO
# A TENER MIEDO

# 4

## SOLO TENGO MIEDO A TENER MIEDO

### EL MIEDO NOS ROBA OPORTUNIDADES

Tener miedo no es malo en sí: es necesario, nos alerta, nos protege de posibles peligros. Si no tuviéramos miedo cometeríamos tantas imprudencias que sería imposible que no nos pasara nada grave. El miedo como mecanismo de supervivencia es imprescindible.

Ahora bien, **el miedo** pasa a ser un problema cuando nos roba oportunidades, cuando **paraliza nuestras acciones**, cuando queremos hacer algo, pero no nos atrevemos a realizarlo. Cuando tenemos un proyecto, un objetivo, un propósito y no lo hacemos porque nos agobiamos inmersas en un mar de dudas y preocupaciones estamos teniendo un miedo tóxico. Es un miedo que, en vez de protegernos, nos paraliza.

Está bien que cuando nos surja un problema nos preocupe como primer paso para resolverlo, como parte de la solución. **Las preocupaciones son pensamientos continuos de temor sobre el peligro futuro que imaginamos.** Podemos tener preocupaciones por problemas concretos o por problemas que ni tan siquiera han sucedido aún, pero tenemos miedo de que puedan ocurrir.

El **proceso** que deberíamos seguir al detectar un problema sería el siguiente:

> → Detectamos el problema
>  → Nos preocupamos
>   → Lo afrontamos
>    → Dejamos de preocuparnos
>     → Damos paso a la calma, ya que entendemos que estamos en el camino de la resolución.

Esas dudas y **preocupaciones** que nos abordan y nos hacen echarnos atrás están en nuestro interior, están basadas en un **pronóstico negativo que hacemos de nuestro futuro.** Nuestros pensamientos no son hechos reales, son hipótesis personales creadas por y para nosotras. Solemos tener miedo a la crítica, al rechazo, al ridículo, a la decepción, a no dar la talla, al dolor que nos puede producir el fracaso.

Es humano que ante cualquier cambio exista cierto temor o miedo. No es mi intención deciros que tenéis que aprender a no tener miedo, más bien creo que hay que tratar de **aprender a superar el miedo.** Solamente superando el miedo seremos libres.

## EL DON DE NO PREOCUPARSE

Destaco los **factores necesarios para afrontar las preocupaciones correctamente,** fortalecer nuestra seguridad y conseguir superar nuestros retos con éxito:

— Asumir ser imperfecta y no tener la necesidad de tenerlo todo bajo control.
— Tener confianza en una misma.
— Fortalecer la autoestima.

— Desarrollar la capacidad de adaptación.

— Aumentar la tolerancia a la frustración.

— Aumentar la tolerancia a la incertidumbre.

— Tener paciencia para ser capaces en demorar la recompensa el tiempo que sea necesario.

En demasiadas ocasiones, le damos vueltas a cosas que es poco probable que sucedan y que en el caso de que sucedieran serían menos graves de lo que pensamos:

## Sufrimos mucho más por lo que creemos que va a pasarnos que por lo que en verdad ocurre.

El futuro en nuestra sociedad es cada vez más impredecible, esto nos produce incertidumbre e inseguridad. Nuestra imaginación ante la incertidumbre del futuro nos lleva a conjeturar en negativo. Esto nos juega malas pasadas. A veces somos expertas en descubrir posibles futuros problemas. **Nuestro pensamiento está repleto de ¿qué pasará si…?** Así que, si imaginamos el futuro, seamos listas e imaginémoslo a nuestro favor.

Por otra parte, en nuestro presente también nos creamos nosotras mismas preocupaciones exageradas e incluso irreales. Os pongo un ejemplo, es la mejor manera que conozco para explicarme lo más claramente posible:

Mi novio no me ha llamado para darme los buenos días como hace siempre. Le he escrito y no me responde. Pasan las horas y no sé nada de él. Me estoy poniendo inquieta y pienso: «¡Tal vez esté enfadado conmigo! ¡Quizá dije algo que le molestó…!». Le llamo, no responde. Van pasando las horas y mi mente sigue proyectando más tragedia, y pienso: «¿Y si ha tenido un accidente?». Tengo ya un nudo en el estómago. En plena invasión del pánico a mi mente suena el timbre de mi puerta. Es él. Me abraza y me dice: «Cuánto siento no haberte llamado, he perdido el móvil y, ¿te crees que no sé tu teléfono de memoria? No he parado en todo el día, ¡qué ganas tenía de verte!».

¿Os suena familiar? Esos montajes mentales los hacemos casi todas demasiado a menudo. Os propongo cambiar el chip con información: el psicólogo Friedrich Perls (1893-1970), médico neuropsiquiatra y creador de la Terapia Gestalt, nos indica en tantos por ciento qué nos suele preocupar.

| LO QUE NOS PREOCUPA | |
| --- | --- |
| — Cosas que no han sucedido nunca y que probablemente nunca sucedan | 40 % |
| — Cosas del pasado que ya no se pueden cambiar | 30 % |
| — Problemas de salud irrelevantes o inexistentes | 12 % |
| — Cosas irrelevantes | 10 % |
| — Cosas importantes que NO se pueden controlar | 4 % |
| — **Cosas importantes que SÍ se pueden controlar** | 4 % |

Alucinante, ¿no?

**Sólo un 4 % de nuestros quebraderos de cabeza depende de nosotras, está en nuestras manos resolverlos.** El resto nos desgasta emocionalmente y estorba nuestro avance y desarrollo personal. Ahora ya sabemos, queridas amigas, que:

> **Más de un 90 % de las veces que nos preocupamos nos equivocamos.**

Así que espero haberos convencido y que dejemos de darle vueltas a la mayoría o, mejor si es posible, a todas tus preocupaciones actuales. Solamente superando el miedo seremos libres.

Como dice un proverbio chino:

## «Si tienes un problema que no tiene solución, ¿para qué te preocupas? Y si tiene solución, ¿para qué te preocupas?».

¡Cuidado! A veces, cuando nos preocupamos por tonterías, puede que estemos evitando pensar en temas personales más importantes y que emocionalmente no queremos ver ni afrontar.

Estos días mientras escribía este capítulo, tuve una comida de amigas. Aproveché la ocasión para lanzar una pregunta al ruedo:

«Imaginad que se pasa a tomar el café con nosotras el genio de la lámpara maravillosa. Un genio todopoderoso, y nos dice: "Pedid cada una cualquier cosa que deseéis y la haré realidad. La condición es que será una sola cosa, un solo deseo. Ha de ser personal, para vuestro beneficio. ¿Está claro?: no vale decir 'la paz en el mundo' o algo bueno para vuestros seres queridos"».

—¿Qué pediríais? —dije yo con una retadora sonrisita.

—Yo pediría que nunca más tuviera dolor, estoy de la fibromialgia hasta el moño —se apresuró a contestar Elena.

—Uf, pues yo pediría un trabajo de lo mío, me haría mucha ilusión —manifestó Gema.

—Yo, una casa a estrenar, nunca en mi vida he estrenado casa, y que fuera totalmente a mi gusto —exclamó Pilar.

—Yo lo tengo claro: un novio maravilloso que me quisiera como nadie me ha querido —expuso Belén, la más romántica de todas.

—¿Y tú? Me preguntaron todas casi al unísono.

—Bueno, he de confesaros que yo juego con ventaja, llevo días pensándolo… y ya tengo la respuesta: yo pediría mantener la paz interior, sin importar lo que suceda.

Pues sí, pediría mantener la calma pase lo que pase. Podemos llamarla calma, serenidad o paz interior. La calma es un estado de tranquilidad y serenidad que nos proporciona equilibrio interno. La calma no da lugar a la desaparición de los problemas, pero sí a que nos afecten en menor medida y por lo tanto nos lleva a tomar las mejores decisiones manteniendo esa paz interior.

## ESTRATEGIAS PARA SUPERAR EL MIEDO

Os ofrezco algunas pautas para que nos sea más fácil superar ese miedo a hacer lo que una quiere hacer.

1/ Encontremos nuestra **motivación.** Nuestro *¿qué quiero yo?* Los *¿cómo?* ya vendrán después.

2/ **Definamos nuestros objetivos**. Nuestra meta, cuanto más concreta, mejor. Ha de ser posible y específica.

3/ Reflexionemos: **¿qué es lo peor que puede pasar si fracasamos?** ¿Es tan grave?

Recordemos algo que nos preocupó mucho en el pasado: ¿era para tanto?, ¿valió la pena sufrir por ello?, ¿solucionó esa preocupación algo? Valorémoslo con honestidad.

Me gustan los cuentos de sabiduría popular, aquí os dejo uno para reflexionar sobre las preocupaciones y el sufrimiento innecesario.

> Un sabio se paró ante un público, contó un chiste y todos se rieron. Al cabo de un rato contó el mismo chiste y casi nadie se rio. Contó el chiste una y otra vez hasta que nadie se reía.
>
> Entonces… si no puedes reírte varias veces de una misma cosa, ¿por qué lloras por lo mismo una y otra vez? ¿Por qué te preocupas por lo mismo un día y otro?

4/ **Visualicemos el resultado**, imaginemos que las cosas salen bien, pensemos en cómo será nuestra vida cuando lo logremos, lo gratificante que será, cuáles serán nuestras emociones. Eso nos dará esperanza y más ilusión.

5/ **Tomemos la decisión. Afrontar la vida significa, sí o sí, tomar decisiones.** Tomar decisiones es nuestra responsabilidad. Cada día tomamos minidecisiones o grandes decisiones. Unas veces son decisiones sencillas, poco relevantes. Otras veces son revolucionarias: decisiones que cambiarán nuestra trayectoria vital. Esas decisiones que dan un vuelco a nuestra vida suelen darse cuando tocamos fondo y decimos: «¡Basta ya! ¡Hasta aquí hemos llegado!».

Nuestro presente y nuestro futuro lo escribimos nosotras con cada una de esas decisiones. Nuestro pasado puede que influya en nuestro presente, pero tranquilas, estoy convencida de que no lo determina.

Aunque no nos demos cuenta, también cuando no tomamos una decisión para cambiar algo estamos indirectamente tomando la decisión de quedarnos tal cual estamos. En demasiadas ocasiones nos autolimitamos sin darnos cuenta de ello. Tenemos miedo y evitamos tomar una decisión. Nos creamos esa limitación ante las dudas, la falta de confianza en nosotras o el pavor al qué dirán.

**Si no hacemos nada, no cometeremos errores, pero tampoco esperemos conseguir lo que queremos.** Sin arriesgar nada no se gana nada. Incluso **la no acción**, en muchas ocasiones, es en sí una pérdida, un vacío, **es un retroceso**.

Se me ocurre un símil para ver con más claridad la importancia de decidir y arriesgar.

> Imagínate que has sufrido una caída fuerte y te has lesionado la rodilla. No es grave, pero te impide correr, incluso si andas un rato te duele y cojeas. Vas a visitar al traumatólogo y te explica que tienes dos opciones: quedarte así o bien operarte. Si escoges operarte estarás un par de meses fastidiada, tendrás que hacer reposo y padecerás dolor. Pero después de esa convalecencia podrás volver a correr y andar lo que quieras. Seguro que le preguntarías al médico: «¿Existe algún riesgo de que la operación no vaya bien?». Si el facultativo es prudente, te dirá que lo normal es que no, pero que como con cualquier operación nunca hay una garantía del 100 % de acierto. ¿Qué harías?

Yo me operaría porque me gusta andar por la ciudad, por el campo, viajar, jugar al tenis…, y pienso que riesgo siempre hay, cada día y a cada hora en esta vida. Pues lo mismo ocurre cuando decidimos hacer o no hacer algo en nuestro día a día. **El cambio forma parte intrínseca de la vida.** El filósofo griego Heráclito en su doctrina del cambio, decía: «En los mismos ríos entramos y no entramos, somos y no somos». Esa frase ha llegado a nuestros días, siguiendo la versión que da Platón de ella, de la siguiente pedagógica manera:

## «Por mucho que quieras, nunca podrás bañarte dos veces en el mismo río, porque nunca es el mismo río».

El río fluye, tú fluyes. No hay nada en el universo que no esté cambiando en este momento. **Todo llega, todo cambia, todo pasa.** La noche da paso al día, la primavera al verano, la semilla a la flor. La naturaleza fluye. ¿Y nosotras? Pues en demasiadas ocasiones nos resistimos al cambio. A mí me incomoda hasta cuando me cambian la organización de las estanterías del supermercado. (Sonrío). Es como que ya no lo tengo controlado y he de perder tiempo para aprenderlo de nuevo. Lo mismo ocurre con la vida. **El cambio, aunque nos incomode, es necesario para el crecimiento personal, para el aprendizaje, para estar y ser mejor.**

Nos arrepentimos más de lo que no nos hemos atrevido a hacer, que de lo que hemos hecho, aunque no hayamos logrado el resultado esperado. **La garantía de éxito no existe.** Me estoy acordando de lo que dice mi amiga Begoña en tono irónico sobre eso:

«En la vida no hay garantías, si quieres garantías cómprate una tostadora». A lo que yo añado: «Y, aun así, si no funciona bien, puedes incluso quemarte». (Sonrío).

Podemos pensar en mil cosas que queremos hacer, decir mil y una, pero en el fondo nuestras palabras solo muestran nuestra forma de pensar, o nuestras intenciones en el mejor de los casos.

## Solo tus acciones hablan de quién eres en verdad.

Lo más difícil es pasar a la acción, tener un qué o un porqué. El resto, el cómo, cuándo o dónde serán secundarios. De hecho, **si el porqué es bueno, encontraremos el cómo.** En el mismo momento en el que comencemos a **hacer**, hagámonos a la idea de que ya habremos hecho la mitad del camino. **Una vez tomada la decisión, sobre la marcha iremos *aprendiendo haciendo.*** Las exclamaciones líricas que todas conocemos del poeta modernista de la generación del 98, Antonio Machado, «*Caminante no hay camino, se hace camino al andar...*» reflejan esa filosofía de vida. El poema nos invita a descubrir nuevos horizontes, nuevas gentes, nuevos lugares. Cada persona ha de recorrer su propio camino, decidirse a recorrerlo, aun con la incertidumbre de qué encontraremos. ¡Qué maravilloso es escuchar el poema cantado y recitado en la voz de Joan Manuel Serrat! ¿Qué os parece si nos tomamos unos minutos y escuchamos la canción? Yo la acabo de escuchar, confieso que en bucle... ¡Emocionante subidón!

**Atrevámonos a tomar la decisión con coraje y comprometámonos con ella.** Es necesario cargarse de determinación, voluntad y emprendimiento para lograr el reto que nos propongamos. Esa decisión tiene que ir acompañada de un plan claro y conciso, si es preciso escalonándolo en pasos. Podemos hacer una lista de soluciones para ir tachando problemas de la lista negra. Para tomar decisiones lo más acertadas posible es necesario que nos planteemos nuestras prioridades: concretarlas, organizarlas y, si es necesario, reordenarlas.

Y cuando tomemos la decisión, no volvamos la vista atrás: a lo hecho pecho; no le demos tantas vueltas porque nos sobran las ocasiones en las que «de tanto pensar hemos llegado a una confusión». Estáis de acuerdo conmigo, ¿no? **Sentir más y pensar menos** es indispensable. Como reza un proverbio japonés:

# «Si lo piensas, decídelo.
# Si lo decides, no lo pienses».

## PALABRAS PROHIBIDAS

No solemos prestar atención a determinadas palabras que usamos a menudo en nuestro día a día y que sin duda tienen una poderosa influencia sobre nosotras y nuestra forma de sentir la vida.

Recuerdo cuando era pequeña y mi madre me bañaba en invierno, por supuesto sin calefacción, me decía: «Repite: ¡tengo calor, tengo calor!». Mi sensación era que hacía menos frío. Os parecerá un ejemplo tonto, pero es la primera vez en la que me di cuenta del poder de las palabras.

Existen **palabras tóxicas** que al utilizarlas una y otra vez nos perjudican más de lo que creemos. Esas palabras contribuyen a alimentar nuestros miedos. **Si se abusa de ellas son negativas.** Habrá ocasiones en que sí sean necesarias. Usémoslas con prudencia y cautela.

## ¡¡Precaución con estas palabras!!

— Cuidado con las expresiones «**no puedo**» y «**es imposible**». Nos convencen de nuestra incapacidad personal.

Ejemplos:

«No puedo conseguir ponerme en forma».

«Es imposible que logre aprobar este examen».

No se trata de ser hiperoptimista y no ser realista con nuestras capacidades, posibilidades o circunstancias. Sencillamente lo que ocurre es que, al utilizarlas, nos convencemos de nuestra incapacidad personal y nos limitamos, nos cerramos, tal vez por miedo al fracaso, o por una baja autoestima. Es mejor que hablemos en el sentido de que algo es improbable, no imposible. O bien en términos de con esfuerzo, yo sí puedo.

— Cuidado con la palabra «**intentar**». Presupone que vamos a fallar o nos van a fallar.

Ejemplos:

«Podemos intentar salir juntos».

«Voy a intentar comer sano».

Decir que vamos a intentar algo suele significar que no estamos convencidas de que lo vamos a conseguir. Yo diría que es empezar algo con reservas, sin comprometerse o implicarse al cien por cien.

— Cuidado con las expresiones «**tengo que**» y «**debo hacer**». Nos agobian con obligaciones, la mayoría de las veces innecesarias.

Ejemplos:

«Tengo que ser la madre perfecta, mis hijos se lo merecen».

«Tengo que tener la casa impecable, aunque esté agotada».

Recomiendo sustituir ese «tengo que» por «quiero», cuando los objetivos sí sean reales. Con ello aumentará nuestra motivación y disminuirá nuestra excesiva autoexigencia.

— Cuidado con la palabra «**pero**». Suele negar lo que se acaba de decir.

Ejemplos:

«Te quiero, pero no estoy preparado para una relación».

«Me gustaría aprender a bailar, pero me da vergüenza».

— Cuidado con la palabra «**algún día**». Si postergamos nuestros proyectos vitales a que vengan tiempos mejores, a que todas las circunstancias que nos rodean sean favorables, no encontraremos nunca el momento perfecto, sencillamente porque no existe. Si realmente deseamos algo, vamos a ir a por ello, con voluntad, esfuerzo y planificación.

Ejemplo:

«Algún día me apuntaré a clases de yoga».

«Algún día haré un viaje de aventura».

— Cuidado con las palabras: **«nunca» y «siempre».** Si las utilizamos para generalizar negativamente, cierran nuestra mente y no nos animan al cambio positivo.

Ejemplos:

«Siempre me salen mal las relaciones».

«Nunca consigo un trabajo que me guste».

## SI NO ES AHORA, ENTONCES, ¿CUÁNDO?

Postergar y dejar de tomar decisiones son las principales consecuencias de tener miedo. Dejar para después también es el resultado de no saber valorar correctamente lo que de verdad importa en esta vida. En demasiadas ocasiones retrasamos algo que verdaderamente queremos. Mejor dejamos los aplazamientos para pagar los préstamos de la vivienda, el coche o el *smartphone*. ¿No os parece? (Sonrío).

Muchos soñamos con que nos toque el gordo de la Lotería para poder hacer todo aquello que queremos. Todos sabemos que es muy difícil que eso ocurra. No seré yo quien os quite la ilusión, de eso nada, yo misma compro el cupón del Euromillón. Vamos a **no postergar** porque no vamos a esperar a que seamos agraciadas con el Gordo para empezar a vivir. Muchas de las cosas que queremos hacer en nuestras vidas las dejamos para después, como si después fuera mejor.

Si esperamos a hacer algo a que el momento sea el oportuno, el idóneo, el perfecto... no lo haremos. De hecho, si esperamos a hacer ese algo hasta que nuestros miedos desaparezcan es casi seguro que esperaremos toda la vida.

Voy a poner dos ejemplos:

1. «Siento tensión con mi pareja y sé que es necesario que hablemos. Si no, las cosas empeorarán. Pero ahora no es el momento porque estoy muy liada: esta semana tengo que preparar una reunión, hacer las maletas a los niños, que se van de campamento, e ir al dentista. Cuando todo esté más tranquilo hablaremos».

2. «Me hace mucha ilusión escribir y publicar un libro por y para la mujer. La verdad es que lo tengo hilvanado. Pero me hace falta más preparación, me da apuro no hacerlo bien. Además, ahora el mercado está saturado. No es el momento, pero seguro que lo haré, más adelante».

En los dos ejemplos y en otros muchos que nos habrán venido a la mente, dejarlo para después no tiene sentido. Nunca se tiene una auténtica confianza y seguridad en la capacidad para resolver algo hasta que no lo hemos hecho y nos hemos dado cuenta de que sí que somos capaces de eso y más.

Recibí hace un tiempo un wasap que me gustó tanto que me lo guardé. Me ha sido imposible saber quién es su autor. Quiero compartirlo con vosotras porque trata de esa manía nuestra de retrasar lo que de verdad importa.

El tiempo no se detiene. Cuando uno mira… ya son las seis de la tarde; cuando uno mira… ya es viernes; cuando uno mira… ya se terminó el mes; cuando uno mira… ya se terminó el año; cuando uno mira… ¡ya se pasaron cincuenta o sesenta años!

No dejes de hacer algo que te gusta por falta de tiempo. No dejes de tener a alguien a tu lado, porque tus hijos pronto no serán tuyos, y tendrás que hacer algo con ese tiempo que resta. Es preciso eliminar «el después» …

Después lo hago.

Después lo digo.

Después yo cambio.

Dejamos todo para «después», como si el «después» fuese lo mejor… Porque no entendemos que… Después, el café se enfría… Después, la prioridad cambia… Después, el encanto se pierde… Después, temprano se convierte en tarde… Después, la añoranza pasa… Después, las cosas cambian… Después, los hijos crecen… Después, la gente envejece… Después, el día es noche… Después, la vida se acaba.

No dejes nada para «después», porque en la espera del «después», puedes perder los mejores momentos, las mejores experiencias, los mejores amigos, los mayores amores. Acuérdate que el «después» puede ser tarde. El día es hoy.

Lo fundamental es ponerse en marcha. Si ponemos voluntad, ilusión y ganas nos daremos cuenta de la cantidad de logros, por sencillos que sean, que podemos conseguir.

## CÓMETE EL MUNDO, NO LA CABEZA

A veces, nos bloqueamos mentalmente, esto nos paraliza, no nos permite tomar decisiones, no somos capaces de cambiar algo que no nos gusta, nos limita y nos pone en *modo supervivencia*.

Las causas suelen ser el estrés, el cúmulo de experiencias negativas, el miedo, el desasosiego y la tortura de la incertidumbre ante un cambio, incluso la rutina excesiva también nos puede bloquear.

Os propongo unas sencillas **preguntas**, quince en concreto, para que reflexionemos, nos introduzcamos en lo más profundo de nuestro ser y vaciemos la mente de lo innecesario. No hay respuestas correctas o incorrectas, tal vez tengamos que leerlas más de una vez, tomémonos nuestro tiempo… Espero que nos ayude a conocernos mejor y a encontrar respuestas.

— Si sabes que solo tienes una vida ¿por qué haces tantas cosas que no te gustan y no haces esas tantas cosas que sí te gustaría hacer?

— ¿Es mejor arriesgar, aunque falles o no intentar hacerlo?

— ¿Qué consejo de vida le darías a tu hija? Ese consejo, ¿te lo estás aplicando tú?

— ¿Qué es eso que se te da muy bien, aquello que tú sabes hacer y que te diferencia del resto?

— ¿Qué es lo que más ilusión te hace y no has hecho aún? ¿Hay algo que lo haga imposible de resolver?

— ¿Qué rasgos de tu personalidad te hacen ser única y auténtica?

— Aquello que tanto temías que ocurriera ¿Ha llegado a ocurrir? Y si la respuesta es sí ¿ha tenido el significado tan negativo y devastador que creías?

— ¿Qué momentos de tu vida te han hecho feliz?

— Si tuvieras la certeza de que nadie te va a juzgar, ¿harías lo mismo que haces?

— Si pudieras cambiar algo de ti misma, ¿qué sería?

— Si sólo te quedaran tres meses de vida, ¿qué harías? ¿Se parece a lo que haces actualmente?

— ¿Qué te gustaría aprender?

— ¿Qué *hobby* te gustaría practicar?

— ¿Qué crees que le falta a tu vida?

— ¿Qué es lo que agradeces en tu vida?

**5.  NO HAS LLEGADO TARDE,**

**NO HAS LLEGADO PRONTO,**

**ESTÁS JUSTO EN TU TIEMPO**

# 5

# NO HAS LLEGADO TARDE, NO HAS LLEGADO PRONTO, ESTÁS JUSTO EN TU TIEMPO

## LA RELATIVIDAD DEL TIEMPO

Cada una de nosotras percibimos el tiempo que estamos viviendo de una forma diferente: la percepción del tiempo es subjetiva.

Lo relativo del tiempo nos lo explica con una sencillez magnífica el científico Albert Einstein, creador de la teoría de la relatividad: «Cuando una pareja de enamorados se sientan juntos en el césped durante una hora les parece un minuto. Pero que se sienten en un horno caliente durante un minuto… les parecerá más de una hora. Esto es la relatividad».

Mi objetivo al escribir este capítulo es transmitiros tranquilidad; deciros, explicaros, **confirmaros que con los años que cada una tiene hoy, poseemos tiempo suficiente, utilizándolo a nuestro favor, para conseguir nuestro bienestar y lograr nuestros sueños.**

¿Quién no ha querido parar el tiempo y que un momento fuera eterno?

Tal vez estéis pensando en un inolvidable día pasado en buena compañía, con un amor. Ya lo decía el bolero: «Reloj no marques las horas, porque voy a enloquecer, ella se irá para siempre, cuando amanezca otra vez. Reloj detén tu camino porque mi vida se apaga…». ¡Qué bonito! Si es que soy una romántica…

Y por el contrario, cuando estás inquieta, preocupada, nerviosa, impaciente, las horas se ralentizan.

¿Os habéis fijado en que aunque sacudamos un reloj de arena, cada grano de esa arena caerá a su tiempo? El tic-tac del tiempo ni lo podemos parar ni acelerar. Por eso mi **consejo** es:

— Cuando estemos viviendo esos **momentos buenos**, **vivámoslos intensamente**, agudicemos los sentidos, interioricemos esas emociones positivas que nos embargan: nos llenaremos de vida. Así repostaremos el depósito del alma.

— Cuando estemos viviendo **momentos malos**, días negros o tal vez rachas de esas en las que uno quiere desaparecer de la faz de la tierra o salir corriendo… paciencia y más paciencia. Recordad que: **pase lo que pase, todo pasa.**

A mí, en particular, no me gustan los tatuajes. Ahora bien, si decidiera hacerme uno, en un lugar bien visible, tengo claro lo que pondría. Diría: «Esto también pasará» o, más breve aún: «Todo pasa». De esa forma, cada vez que me encontrara en una situación difícil y con esa sensación de no ver la salida… lo leería y recordaría esa verdad irrefutable. Si os agradan los tatuajes, tal vez os guste la idea. Otra opción es la que yo tengo: un cartel a todo color plastificado en la nevera… me viene genial, os lo aseguro. Tiene más eficacia de la que parece: el poder de las palabras es algo maravilloso. Las palabras son «cosas» que se ponen en una pared, en una agenda, en una piel… y finalmente en ti.

Escribir un libro en voz de mujer y no nombrar a Frida Kahlo sería un pecado: me fascina esa mujer... Os reproduzco una frase suya que nos transmite magistralmente lo relativamente relativa, valga la redundancia, que es la vida:

**«No hay absoluto,
todo cambia,
todo se mueve,
todo evoluciona,
todo vuela y desaparece».**

Siempre hemos oído el dicho «El tiempo lo cura todo». Yo pienso que en gran parte así es. Es verdad que, con el correr del tiempo, todo se va relativizando: las emociones negativas que tenemos en los *malos tiempos* pierden intensidad, se vuelven menos graves, menos dramáticas.

A veces lo que no vemos en esos momentos oscuros se va aclarando con el paso del tiempo y encontramos las respuestas. Otras veces, sencillamente, con el paso del tiempo esas respuestas ya no nos interesan porque hemos sanado, evolucionado y madurado emocionalmente. En ese proceso mantener la calma será básico. Nuestra actitud es fundamental. Es nuestra responsabilidad hacer lo que esté en nuestras manos para solucionar lo que nos inquieta. A partir de ahí, lo inteligente emocionalmente será seguir con nuestra vida y cada vez fijar menos nuestra atención en lo ya pasado. Tal y como nos dice este proverbio japonés:

**«Haz todo lo que puedas,
el resto déjaselo al tiempo».**

En ese contexto de pasar la vida, pedir ayuda cuando la necesitemos va a ser un pilar más de apoyo. Nos pasa demasiadas veces como a aquel alumno que no lo hizo. A ese alumno su profesora le pidió que resolviera un problema de matemáticas. El alumno, después de un buen rato de muchos esfuerzos inútiles, se volvió, triste y desanimado, a donde se encontraba su maestra y le dijo que no podía. Su maestra le preguntó:

—¿Pero has hecho todo lo posible?

—Sí —le contestó él.

Y su maestra le apuntó:

—¡Te equivocas! ¡Te ha faltado pedir ayuda a tu maestra!

Los niños, al igual que los hijos, no suelen tener ninguna vergüenza en pedir ayuda. Cuando nos hacemos mayores, la cosa suele cambiar. Repito: nos pasa demasiadas veces que no pedimos ayuda. Pedir ayuda no es de inútiles, ni de cobardes, ni de débiles. Pero **¿por qué nos cuesta pedir ayuda?**

Las razones pueden ser varias y nos podemos sentir identificadas con más de una de ellas.

Los motivos pueden ser los siguientes:

— Querer mantener el problema en secreto. No querer pedir ayuda para que nadie se entere de nuestro problema o preocupación. Por ejemplo, a alguien que tiene una adicción no le resulta fácil tomar conciencia del problema y compartirlo.

— Tener un orgullo que no nos permita compartir el mérito de resolver el problema que nos preocupa.

— Creer que pedir ayuda es una muestra de debilidad o de falta de aptitud o capacidad.

— Tener miedo a no recibir la ayuda que nos merecemos y sufrir una decepción.

Todas tenemos claro que ayudar es maravilloso, pero dejarse ayudar no lo es menos. Pedir ayuda no es de personas cómodas, sino de personas valientes. ¿Por qué no lo intentamos?

Os remarco la idea que yo misma me hago sobre este tema, espero que os sirva de ayuda:

> **Ser fuerte no es aparentar fortaleza todos los días. Ser fuerte es ser valiente y reconocer las propias debilidades y saber pedir ayuda.**

## EL AQUÍ Y EL AHORA

Es improductivo desgastarse intentando entender y controlarlo todo. Cuando ya hemos puesto todo de nuestra parte debemos dar paso a **vivir el presente**. Al pensar en los tiempos pasado, presente y futuro, me doy cuenta que cuando hay exceso de cada uno de esos tiempos en nuestra mente nos ocurre lo siguiente:

El **pasado** nos pesa demasiado.
El **presente** nos agobia exageradamente.
El **futuro** nos preocupa en gran media.

Y eso nos lleva a sentir en negativo lo que describo a continuación:

| EXCESO DE PASADO | EXCESO DE PRESENTE | EXCESO DE FUTURO |
|:---:|:---:|:---:|
| Culpabilidad | Estrés | Ansiedad |
| Tristeza | Depresión | Preocupación |

El mayor error que cometemos es creer que la felicidad está en el exterior, en un cambio de nuestra suerte, en un cambio de nuestras circunstancias o debido a lo que hacen o dejan de hacer los demás respecto a nosotras. Y no es así. No sé si habéis visto la película *Antes de ti* (2016, de la directora

Thea Sharrock). Cuenta la historia de una chica alegre y encantadora que se enamora del joven paralítico al que cuida. A mí me encantó, aunque lloré un montón. Se me quedó grabada una frase de esas que son para recordar y que comparto con vosotras.

## «Nunca dejes nada para una ocasión especial, estar vivo es la ocasión especial».

Este momento que estamos viviendo ahora es el único que tenemos asegurado. Para mí, la verdadera libertad se logra cuando somos capaces de descubrir el regalo que hay en todos y cada uno de los momentos de nuestra vida.

Yo también soy partidaria de echar mano de recuerdos positivos en determinados momentos. El mero hecho de volver a revivirlos desde la añoranza y la nostalgia nos hace volver a sentir, y nos reconforta. Además, mirar al pasado para caer en la cuenta de todo lo que hemos sido capaces de hacer, y reconocer nuestra valía es altamente justo y beneficioso.

Por otra parte, es provechoso visualizar el futuro para aumentar nuestra motivación, nuestra ilusión. Pero repito, la mayor parte de nuestro tiempo, de nuestro ser, la vamos a enfocar en vivir el aquí y ahora. Y eso significa saborear el día a día poniendo todos nuestros sentidos a máxima potencia. Disfrutando de esos minicuentos que son nuestras breves historias diarias, esos momentos o incluso micromomentos que conforman nuestra vida. Esos momentos que, aunque parezcan pequeños y breves, si los juntamos son más grandes que cada uno de los grandes. Por ello, eso que nos ocurre en nuestra rutina es valorable y no debemos dejarlo pasar desapercibido. Todo lo contrario, deberíamos agudizar los sentidos y ponernos en *modo disfrute* en nuestro día a día, como cuando nos vamos de viaje, que nos predisponemos a disfrutar de cada instante.

Que la vida no se nos pase sin apreciar y vivir el momento y, muy importante, que **lo urgente no nos despiste de vivir lo verdaderamente importante.**

## NO SIENTAS MIEDO AL PASO DEL TIEMPO

No tengamos miedo a cumplir años, sino a no vivirlos, a verlos pasar anodinamente, vacíos de emociones, paz y bienestar.

Dediquemos tiempo a nosotras mismas, a todo aquello que nos realice, que nos haga feliz, que nos dé calma, que nos haga estar a gusto con nosotras mismas. Dediquemos tiempo a esas personas con las que podemos ser nosotras mismas, con toda nuestra esencia y libertad. Esas personas con las que perdemos la noción del tiempo, las que nos aportan fuerza y experiencia. Regalémosles nuestro tiempo, dándoles también nuestro apoyo, cariño e ilusión. El tiempo no se compra ni se vende, se intercambia.

La sabiduría popular nos dice que el tiempo es oro, más bien yo diría que el tiempo no es oro, ni incienso, ni mirra, **el tiempo es vida.** Nuestra responsabilidad será dar pasos, mover ficha, jugar en el juego de la vida como si del juego de la oca se tratase y, de uno en uno o de seis en seis, avanzar porque, aunque fallemos y caigamos en casillas malas, siempre aprenderemos. ¡Ah, y si nos toca «de oca a oca»…! Pues cuento casillas y «tiro porque me toca».

## *STOP* A LOS TIEMPOS ESTABLECIDOS

**Vivimos en una sociedad en la que aprendemos que para llevar una vida correcta tenemos que cumplir con un protocolo de tiempos establecidos.** Si nuestro camino discurre de una forma lineal y se ajusta a esos tiempos y nos satisface, genial. Si no, no nos agobiemos. **Es el momento de desaprender para volver aprender.**

Puede parecer que las personas que nos rodean, las que conocemos en nuestro día a día o las que vemos en la televisión o en las revistas van más adelantadas que nosotras. Podemos creer que han conseguido más objetivos que nosotras, podemos pensar: «¡Caray, María ya tiene pareja y yo no!», «¡Lucía se ha comprado una casa monísima y yo viviendo de alquiler!», «¡Pilar ha conseguido un buen trabajo y yo no!». ¡No nos comparemos! Puede parecer que unas vayan delante de nosotras y otras detrás. Si sentimos que van por delante, no las envidiemos, alegrémonos por ellas, sobre todo si son amigas nuestras. Si pensamos que van por detrás, no las menospreciemos ni hagamos juicios de valor: cada una libra su propia batalla y cada una y solo ella está en su propia piel.

El mundo está plagado de ejemplos de personas que, a edades aparentemente fuera de lo habitual, han comenzado a cumplir sus sueños o los han conseguido. Os pongo algunos casos: el actor Morgan Freeman no logró la fama hasta los cincuenta años, el escritor José Saramago logró su gran éxito editorial a los cincuenta y ocho años, la chef Julia Chid escribió su famoso libro de cocina a los cincuenta, Carolina Herrera no empezó su incursión en el mundo de la moda hasta los cuarenta y dos años...

Estoy pensando que:

**Finalizar una carrera después de los 35 sigue siendo increíble. Tener hijos después de los 40 sigue siendo un milagro. Practicar un deporte después de los 45 sigue siendo un logro. Encontrar pareja después de los 50 sigue siendo maravilloso. Hacer nuevas amistades después de los 60 sigue siendo gratificante. No permitamos que la presión social, con sus tiempos, nos haga sentirnos inferiores. Cada una de nosotras tiene sus tiempos. ¡No nos presionemos!**

## DEPENDE. ¿DE QUÉ DEPENDE?

Un día, a un anciano se le escapó un caballo y los vecinos le dijeron:

—¡Qué desgracia, qué mala suerte!

Y el anciano contestó:

— Tal vez.

Al día siguiente el caballo que se escapó regresó con siete caballos salvajes.

Los vecinos le dijeron:

—¡Qué buena suerte!

Y el anciano les contestó:

—Tal vez.

Al día siguiente el hijo del anciano, que le ayudaba, intentó domar un caballo salvaje, se cayó y se rompió una pierna.

Los vecinos le dijeron:

—¡Qué desgracia! ¡Qué mal suerte!

Y el anciano les contestó:

—Tal vez.

Finalmente, al día siguiente llegó el ejército a reclutar a todos los jóvenes de la comunidad para una guerra prácticamente suicida, pero al hijo del anciano no lo reclutaron porque tenía una pierna rota.

Todos los vecinos volvieron dónde estaba el anciano y le dijeron:

—Oye, ¡Qué bendición, qué buena suerte!

A nuestros hijos se los llevaron y al tuyo no.

El anciano les respondió:

—Tal vez.

Esta parábola se me quedó grabada cuando la leí, y siempre me viene a la mente cuando reflexiono sobre el tema de este capítulo.

Si reflexionamos con esta historieta y le añadimos la experiencia que tenemos, nos damos cuenta de que **es imposible saber las consecuencias de cualquier hecho que nos pueda ocurrir.** A corto plazo, algo que nos puede parecer un desastre, una calamidad, lo peor, a medio o largo plazo puede ser mejor para nosotras. Pongamos por caso que tal vez lo hemos pasado mal por una ruptura sentimental y al cabo del tiempo hemos conocido a una pareja que, al quererla y ser correspondidas, nos ha hecho darnos cuenta de que lo mejor que nos pudo ocurrir es que la anterior relación no funcionara. O tal vez no hemos conseguido un trabajo, nos hemos disgustado y, con el tiempo, hemos optado por autoemplearnos y abrir un negocio que funciona: nos dedicamos a lo que nos gusta, el tiempo se pasa volando y eso ha sido maravilloso para nosotras. A menudo, cuando miramos hacia atrás nos damos cuenta de que lo que considerábamos malo, de hecho, fue lo mejor que nos pudo haber pasado.

Como dice la canción de Jarabe de Palo: «Depende. ¿De qué depende? De según como se mire, todo depende». Cómo es posible que el mismo hecho a una persona le *haga polvo* y a otra no le afecte. Y ahí es donde reside el quid de la cuestión: ¿de qué depende? Depende de una misma, única y exclusivamente. No de la circunstancia en sí.

**Los acontecimientos de nuestras vidas son en su mayoría neutros, no son en sí ni positivos ni negativos. La clave es la interpretación, es decir, el cómo lo vamos a vivir, a sentir, a convertir en una experiencia positiva que nos haga crecer o, por el contrario, en una experiencia negativa, desastrosa, frustrante y decepcionante.**

Aun con el riesgo de que penséis que soy una pesada, voy a intentar convenceros de este principio de vida con otro ejemplo.

Imaginad que por desgracia sufrís un infarto, tenéis que estar hospitalizadas, operaros y quedaros un mes en casa para recuperaros. No podéis trabajar. Casi seguro que estáis pensando: «Esto no es en absoluto neutro ni, menos aún, positivo. ¡No me vendas esa película que no te la compro!». Bueno, esperad, vamos a ver las posibilidades según el color del cristal con que se mire: elegimos un color que nos guste, que deje pasar la luz y lo desempañamos.... El tiempo que tenéis que estar de baja os hace reflexionar sobre el estilo de vida que lleváis, el estrés, la falta de descanso, la falta de tiempo para una misma. Puede ser el punto de inflexión que os haga tomar la determinación de hacer cambios respecto a varios aspectos de vuestra vida. Y decidís dejar de fumar, hacer ejercicio, priorizar el descanso, ya que os habéis dado cuenta de que si caéis, ¡mal asunto! Resulta que, como necesitáis ayuda en la logística doméstica, vuestras amigas se brindan a contribuir a sobrellevar el asunto: a recoger al niño del cole, a traer comida casera, etc. Y ahí os dais cuenta de quién está a vuestro lado de verdad y, además, eso os hace sentiros afortunadas, queridas y por lo tanto agradecidas. Esperad, seguid leyendo: podemos encontrar más ventajas. Vuestra pareja, que os tenía descuidadas, por el mero hecho de haber sentido que os podía perder, vuelve a mostrarse más atento, más cariñoso y os hace sentiros mujeres amadas otra vez como hacía tiempo. Entonces, pese a la enfermedad puede que cambie vuestra vida para bien y aumente vuestro bienestar. En definitiva, el poder de vivir cada día, cada vicisitud, cada circunstancia de una forma u otra lo tenéis vosotras.

Y si cada una tiene el poder, también tiene el control de su vida, no esperando e intentando que todo vaya perfectamente, sino aprendiendo a vivir desde su interior como dueña de su vida.

**La felicidad o la infelicidad no está en los sucesos ni en lo que nos hacen los demás: está en nosotras. No vemos las cosas como son en realidad, las vemos tal cual como somos nosotras.**

Si os pregunto ¿quién es vuestro mayor enemigo? ¿Qué me contestaríais? Os dejo que lo vayáis pensando… Yo os doy mi respuesta más adelante…

Para que nos entendamos voy a ponerme a mí misma y a vosotras este símil: si no le damos a nadie la contraseña del banco, del móvil o de Facebook, ¿por qué le damos la clave de nuestro bienestar a los demás o a las circunstancias? Por ello mi respuesta a la pregunta que os hecho antes es: «Nuestra mayor enemiga es nuestra mente». Y como la dueña de nuestra mente es cada una de nosotras, nuestra mayor enemiga es una misma. Así que vamos a dirigir nuestros pensamientos y ser nuestras mejores amigas. Recordad que nuestra mente crea nuestra experiencia de la realidad, aprendamos a utilizar ese poder de forma constructiva.

Al margen de todo, de si algo a medio o largo plazo nos beneficia o no, lo importante, lo esencial es **tomar conciencia** de que, excepto desgracias muy graves que sí o sí nos van a hacer pasarlo mal, el resto va a depender del significado que nosotras le demos. Tú tienes la clave.

Solemos caer en el error de tener pensamientos como estos: «Si encontrara pareja, sería feliz».

«Si mi hijo no hubiera suspendido, sería feliz».

«Si mi madre fuera más comprensiva, sería feliz».

«Si me ascendieran en el trabajo, sería feliz».

Así que, cada vez que nos vengan a la mente esos pensamientos, detengámonos y reflexionemos:

## ¿Quién tiene poder para hacernos feliz o infeliz? La respuesta siempre será: YO MISMA.

Yo misma incorporo esa pregunta a mi repertorio de prácticas de autoayuda y siempre que me noto que estoy flaqueando o me siento infeliz, me detengo y me hago esa pregunta. Y por supuesto siempre llego a la misma conclusión: yo misma. Y a partir de aquí, cada vez que lo recordemos, las veces que haga falta, nos encaminaremos en la dirección del bienestar interior, de la paz interior, la de verdad, la que nos hace libres. Ese estado en el que una se comprende y se valora.

En momentos difíciles, puede que nos sintamos inquietas pero serenas, manteniendo nuestra conciencia de paz interior. Es el momento de hacer uso de las reservas que guardamos en el *depósito de alegría* que ya nos habremos encargado de rellenar con todo lo que hemos aprendido o estamos aprendiendo.

Como nos dice la psicóloga estadounidense Bárbara de Angelis:

## «Nada puede hacerte feliz sin tu permiso. Nada puede hacerte infeliz sin tu permiso».

Y al final si algo no sucede como nos gustaría cuando las cosas van mal, a pesar de nuestro esfuerzo, nos queda pensar con esperanza que **lo mejor está por llegar**.

Otro factor importante que nos va a ayudar a que esa visión relativa y subjetiva que hacemos de nuestra vida sea la adecuada para hacernos la vida fácil será controlar dónde focalizamos nuestra atención. Nuestra atención ilumina, como si de una luz led se tratara, aquello a lo que prestamos atención tanto para bien como para mal. De forma práctica para nosotras, por ejemplo, cuando estamos pensando comprarnos un coche, nos fijamos en modelos y colores cada vez que conducimos, andamos por las calles o vemos un anuncio. Si no estuviéramos en esa situación ni nos fijaríamos. Cuando estamos embarazadas, vemos embarazadas. Cuando estamos pensando en hacernos un cambio de peinado, nos fijamos en colores y cortes de las mujeres de la televisión o de las vallas publicitarias. Nosotras dirigimos el foco de nuestra atención. Por el contrario, aquello a lo que le quito la atención, desaparece. Os propongo que reenfoquéis la atención inteligentemente en la dirección que queramos que vaya.

# 6. LA CURVA MÁS BONITA DE UNA MUJER ES SU SONRISA

# 6

# LA CURVA MÁS BONITA DE UNA MUJER ES SU SONRISA

## TOMAR LA DECISIÓN DE SONREÍR

Las personas con un buen sentido del humor, tienen un mejor sentido de la vida, ello es un síntoma de salud mental.

Sonreír es una de las mejores formas de liberarse del estrés y superar situaciones conflictivas.

## Si quieres darle sentido a tu vida, dale sentido del humor.

Sonreír hace que seamos más amables, cercanas y atractivas. Sonreír no solo alegra a una misma, sino también transmite que somos mujeres sociables y confiables.

La palabra *perfecta* no me gusta, por la connotación respecto a la mujer. Me refiero a esa presión que sufrimos en ser la mujer perfecta, la madre perfecta, la esposa perfecta. Pero hay una excepción en la que sí me encanta la palabra perfecta, y es esta:

# No eres una mujer perfecta, excepto cuando sonríes.

Cuando éramos niñas, nos reíamos muchas veces al día, con una facilidad maravillosa (leí que los niños sonríen una media de cuatrocientas veces al día, los adultos no más de veinte). Sin embargo, conforme vamos cumpliendo años nos cuesta más hacerlo. Ya sé que no siempre es fácil, al margen de esas carcajadas por algo gracioso que escuchamos: un chiste, una escena de una película cómica o un vídeo que nos mandan por WhatsApp.

Es una gran muestra de crecimiento personal ser capaces de reírnos de nuestros ya pasados miedos y que ahora nos parecen tontos, de nuestras preocupaciones magnificadas y problemas gravísimos que, en realidad, con nuestra madurez, nos damos cuenta de que no lo eran.

**Os invito a tomar la decisión de sonreír.**

## BENEFICIOS DE SONREÍR

Voy a intentar convenceros. **Sonreír es beneficioso** ya que:

— **Mejora nuestra salud.**
Sonreír libera endorfinas y serotonina, neurotransmisores que hacen que aumente nuestra energía y nuestra capacidad de decisión. Reduce los niveles de algunas hormonas como la dopamina y el cortisol. Lo que nos lleva a tener una menor presión arterial, reducir los latidos de nuestro corazón y, por lo tanto, reducir nuestro nivel de estrés. La sonrisa es un buen fármaco natural.

# No hay mejor medicina que una buena sonrisa.

**— Nos hace vivir más y mejor.**

Las personas que ríen a menudo, según diferentes estudios, viven un 21 % más, o 7 años, o 5 años... ¡qué más da exactamente cuánto! Dudo que sea así, tan concluyente, tan causa-efecto, influirán muchos otros factores, pero está claro que nos beneficia, así que... ¡vamos a sonreír! Charles Chaplin lo tenía claro.

## «Un día sin sonrisa es un día perdido».

**— El humor nos ayuda a superar problemas.**

Si somos capaces de «reírnos de nosotras mismas» seguro que seremos mujeres que se valoran y que saben darles la vuelta a los tropiezos.

El psiquiatra austríaco Victor E. Frankl (1905-1997) sobrevivió a varios años en campos de concentración nazis. A partir de esa experiencia escribió *El hombre en busca de sentido*, un referente dentro de la literatura sobre crecimiento personal. Él es un ejemplo de cómo mantener la esperanza y encontrar sentido a la vida aun en la más dura de las situaciones. Por eso quiero destacar una de sus reflexiones: *«El humor es otra de las armas con las que el alma lucha por su supervivencia. Es bien sabido que en la existencia humana, el humor puede proporcionar el distanciamiento necesario para sobreponerse a cualquier situación».*

Y qué decir de los beneficios de utilizar nuestro sentido del humor en una discusión o confrontación. Lograremos distender el ambiente, abrir puertas y lograr algo que pocas cosas pueden conseguir.

**— Es un arma de seducción masiva.**

El impacto de una sonrisa sobre un hombre u otra mujer a la que queremos atraer es muy potente. Es interesante saber que, según los expertos en comunicación no verbal: «Si hay disonancia entre lo que se dice verbalmente y lo que el cuerpo expresa, nos quedamos con lo que nos transmite el lenguaje corporal».

Una chica sonriente es mucho más atractiva que una chica que no sonríe. De hecho, una chica, como solemos decir, «normal físicamente», con una sonrisa encantadora es más seductora que una mujer guapa con cara triste y fría.

**— Sonreír, aunque no sea de manera espontánea, también es positivo.**

La propiocepción es un sistema de comunicación de doble sentido entre la mente y el cuerpo. Si algo externo a nosotros, sin buscarlo, nos resulta divertido o simpático, ¡nuestra mente manda la orden a la cara *et voilà!*: sonreímos.

Y al revés, también existe la vía contraria. Si consciente y voluntariamente decidimos sonreír, nuestro cerebro recibe esa información de los músculos y entiende que algo está pasando que nos está poniendo contentas, así que consecuentemente nuestro estado de ánimo empezará a cambiar hacia el optimismo.

Esa teoría de que incluso la simulación de una emoción podía provocarla realmente en nuestra mente ya la apuntó Charles Darwin.

Es verdad que, después de leer otras investigaciones al respecto durante estos últimos años, mi conclusión sería que, aunque los efectos de la sonrisa decidida son menores que los de la sonrisa espontánea, aquella nos beneficia, nos entrena a sonreír espontáneamente y nos predispone a ser más felices.

Aun vistos los beneficios de sonreír, se puede pensar que esto es una idea «facilona» que sonreír no va a hacer que nuestros problemas se esfumen o que nuestras preocupaciones y miedos desaparezcan. Pues es cierto: no van a desaparecer con una sonrisa, lo que sí os aseguro es que nos ayudará a sobrellevarlo mejor y poder solucionarlo más rápidamente. Me encanta lo que la incomparable Mafalda, con su magnífico sentido del humor, nos aconseja:

**«Comienza el día con una sonrisa y verás lo divertido que es ir por ahí desentonando con todo el mundo».**

Me imagino que os estaréis preguntando:

## ¿CÓMO LOGRO AUMENTAR MIS SONRISAS?

Pues voy a dejar unas **reflexiones y consejos** para conseguirlo.

### 1. Eliminemos el mito de la preocupación.

La sociedad nos ha hecho creer que preocuparse es de ser responsable y cuanto más, mejor. Que si no mostramos preocupación somos frívolas, vagas o pasotas: ¡¡falso!!

### 2. Rodeémonos de gente positiva.

Todas conocemos a alguna persona para la que sonreír es algo fácil: sonríe por todo y a todos. Seguro que será una persona muy querida. Busquemos su compañía y su ayuda, nos contagiará su ánimo y nos ayudará a resolver las cosas más a su manera. Cuando alguien está contento, la gente cercana tiene más probabilidades de ponerse contento.

Audrey Hepburn nos deja su sentir sobre el sentido del humor:

**«Me gusta la gente que me hace reír. Sinceramente, creo que reír es la cosa que más me gusta. Cura una multitud de males y es probablemente la cosa más importante de una persona».**

### 3. Evitemos a las personas negativas.

Al igual que las sonrisas son contagiosas, también lo es el mal humor. Evitemos a las personas conflictivas que se enfadan por cualquier motivo o que fruncen el ceño habitualmente.

### 4. No seamos victimistas.

No nos compadezcamos de nosotras mismas. Es perder el tiempo sufriendo más de lo necesario y retroalimentando pensamientos negativos. Cuando nos pasa algo malo, lo contamos una y otra vez, a una amiga, a otra, a nuestra madre, a nuestra hermana… Está bien desahogarse, pero con una o dos es suficiente. En cambio, no solemos tener la costumbre de contar multitud de veces cada cosa buena que nos pasa o tenemos. Contemos y verbalicemos esas cosas buenas muchas veces: desde los detalles diarios hasta hechos menos habituales. Si nuestra comunicación es del tipo «¡Qué sol hace más bueno!», «¡Qué suerte tengo de vivir aquí!», «¡Qué feliz me hace haber conseguido este trabajo!», «¡Qué bien le ha salido a mi hija el baile en el festival del colegio!», «¡Qué maravilla de viaje!», etc., nuestra vida cambiará por completo y a mejor.

**5. Busquemos material base que nos haga felices.**
Para alegrarnos el día o para sobrellevar momentos complicados. Para estos últimos, vamos a llamarle *kit de supervivencia para casos negros*. Veamos pelis o series que nos entretengan y además nos hagan reír, apuntémonos a un grupo en redes que comparta humor, etc. Lo que a cada una le valga. Este consejo os he de decir que a mí me ha ayudado de verdad: en una ocasión, por ejemplo, tras una ruptura sentimental, me pasé un fin de semana viendo una serie de Netflix que me abdujo un capítulo detrás de otro. Cuando te das cuenta, lo peor ya ha pasado y todo se ve menos trágico.
La música también es un material muy valioso. Tiene el poder de alejarnos de los problemas, levantar el ánimo y darnos paz interior. Me imagino que vosotras también tendréis un par de temas que cuando los escucháis os da el subidón. Pues ¡utilizadlos! Los míos, os los digo: *It's not unusual* de Tom Jones (la que baila Carlton Banks en la serie *El príncipe de Bel Air*) y, cómo no, un tema en español, como el de Alaska, *Ni tú ni nadie*. Si es que... no lo puedo remediar: soy ochentera y feliz con mis cincuenta añitos.

**6. Propongámonos sonreír a alguien cada día.**
A un niño por la calle, a un vecino, cuando cedamos el paso, a alguien que está en el coche de al lado esperando a que se ponga el semáforo en verde. Hagámoslo con una leve sonrisa. Si no obtenemos una sonrisa de vuelta, no permitamos que eso nos detenga, tomémoslo como una buena obra. Y si por el contrario, que es lo habitual, hay una sonrisa de regreso, habremos compartido energía, será gratificante, incluso podemos cambiar el día a esa persona y provocar una reacción en cadena. Siendo amable y generosa con nuestra sonrisa, desarrollaremos una personalidad magnética.
Podemos utilizar un pequeño truco, un recordatorio: dibujemos, por ejemplo, una carita en la mano o escojamos

como fondo de pantalla del móvil una imagen de ese tipo y sonriamos cada vez que lo miremos, sin importar dónde o con quién estemos.

### 7. Sonriamos como ejercicio para crear el hábito.

Como si de un ejercicio de yoga se tratase, parémonos cada día. Sonriámonos frente al espejo, encontremos una sonrisa que nos guste. Como casi todo en esta vida, para crear un hábito hay que practicarlo. Sonriamos y repitamos una frase del tipo: «Sonrío a la vida y la vida me va a sonreír a mí».

Ya hemos hablado de que, aunque el principio nos parezca forzado, no es falso. A voluntad propia, también funciona. Cuando creemos el hábito, sonreiremos habitualmente de forma natural.

### 8. Tengamos pensamientos felices.

Recordemos a menudo todo lo bueno y bonito que nos ha pasado en la vida. Elijamos algo o a alguien que, al recordarlo, nos dé una sensación cálida y agradable. Visualicemos y revivamos experiencias bonitas. Esas imágenes mentales positivas aumentarán automáticamente nuestro ánimo.

## Y con todo lo dicho, os digo:
## Sonríe, yo invito.

# 7. AMA CON LOCURA.

## EL AMOR LO CURA TODO

# 7

## AMA CON LOCURA. EL AMOR LO CURA TODO

### AMAMOS COMO SOMOS

Tengo una amiga, Deborah, psicóloga, a quien la ciudad de *Philadelphia* le pidió ofrecer apoyo psicológico a un grupo de refugiados camboyanos que acababan de llegar a la ciudad. Ella se sintió intimidada: esos camboyanos habían vivido el genocidio, la inanición, el asesinato de sus familiares ante sus propios ojos, años de campos de refugiados...

¿Cómo iba a identificarse con su sufrimiento?

¿Cómo iba a poder ayudarles?

Pues ¿a qué no sabéis de qué querían hablarle todos a mi amiga Deborah?

De que si «conocí a un chico en el campo de refugiados y creía que me quería, pero cuando nos separaron en el barco se fugó con mi prima y ahora dice que me quiere a mí. Ellos están casados ¿Qué hago? Aún lo quiero».

Así somos. Aquí me tenéis, en Bali, buscando hablar con un chamán. Y, ¿qué quiero preguntarle?: «¿Cómo salvamos a los niños que mueren de hambre en el mundo?», «¿Cómo me acerco a Dios?». No, quiero que me hable de mi relación.

Estas palabras de Julia Roberts nada más comenzar la película *Come, reza, ama* me impactaron, porque reflejan la esencia de la vida: el amor. Me imagino que todas conoceréis la adaptación cinematográfica del libro autobiográfico de la neoyorquina Elisabeth Gilbert. Narra su viaje de autodescubrimiento después de una ruptura sentimental, en el que, cómo no, el amor vuelve a aparecer en su vida.

Es verdad que el amor es un sentimiento muy fuerte y si es amor del bueno nos hace inmensamente felices. Por eso, he dedicado este capítulo al tema *amor en pareja*, claro está, desde la perspectiva de mujer.

Siempre he pensado que **el asunto del amor está permanentemente presente en nuestras vidas** y de una forma imponente. A todas las edades. Escucho a mi hija y a sus amigas y ¿de qué hablan? Pues que, si me gusta un chico, si me hace caso, si cómo le digo algo… Si converso con mis amigas, con o sin pareja, ¿de qué hablamos?: «He conocido a un chico, me gusta, vamos a volver a quedar…», «Me he enfadado con mi chico… Uf, no sé qué hacer», «Mi chico no me presenta a su gente, creo que no está por mí…», «Mi marido no me hace ni puñetero caso…». Y tenemos cuarenta, cincuenta, sesenta, y más. **El amor no tiene edad.**

No soy *la doctora amor*, ni este capítulo pretende ser un consultorio sentimental, pero sí quiero **plasmar puntos básicos que nos sirvan en el terreno del amor.** Tierras movedizas o tierra firme: ¡Vosotras elegís! Por supuesto, creo que no hay nada malo en tener relaciones esporádicas si es esa nuestra decisión y ello nos va bien. Pero cuando hablo de tierras movedizas me refiero a permanecer en ese estado de inquietud, inestabilidad e insatisfacción al que lleva ir de amor en amor sin ton ni son. Me refiero a cuando lo llamamos sexo cuando lo que queremos decir es amor. Cuando lo que verdaderamente buscamos es amor y no sabemos construir la base para ello. Cuando vamos tan perdidas que no llegamos a buen puerto, sino que corremos el riesgo de llegar a un vacío que a medio o largo plazo nos deje noqueadas.

Y para poner mi granito de arena con el fin de poder dar el salto a tierra firme, o mantenernos en ella, hago las reflexiones que a continuación expongo.

Desde mi perspectiva, **el amor pleno no es el amor perfecto.** Adoro las películas, los libros y las canciones de amor, pero soy consciente de que gran parte del amor que nos muestran tiene más que ver con el enamoramiento que con el amor en sí. De hecho, muchas películas terminan cuando los protagonistas se besan por primera vez. «Vivieron felices y comieron perdices» es el final de los cuentos de príncipes y princesas que comienzan una posible historia de amor feliz. En ese momento es cuando aparece la palabra «Fin». Así que, teniendo esto presente, soñar, sí, pero con los pies en suelo firme. Ser soñadora no es incompatible con ser realista. Son complementarios. Creo que querer y buscar el *amor perfecto* nos hace más mal que bien. A lo que sí debemos aspirar es a encontrar o mantener ese *amor pleno* que será único y diferente para cada una de nosotras. Ese amor no se logra de un día para otro, requiere tiempo, esfuerzo y otros muchos elementos de los que hablaremos más adelante.

Yo aún creo en el amor, y por lo tanto lo quiero en mi vida, pero siempre siendo también feliz sin él.

¡*Voilà* el quid de la cuestión!

Por eso, la **primera regla** a tener en cuenta es:

**No podemos amar sanamente a nadie si primero no nos queremos a nosotras mismas. Para disfrutar de un buen amor es necesario tener amor propio. Primero amémonos a nosotras mismas y a nuestras vidas.**

**Amamos según somos.** Por ello si aumentamos nuestra autoestima, nos irá mucho mejor. De hecho, una correcta valoración de nuestras virtudes y defectos son el punto de partida para *amar bien*. No olvidemos que:

## La materia prima del amor es la autoestima.

Comenzaremos por ella y le añadiremos valentía y coraje. Lo contrario al amor no es el odio. El odio y el rencor son los efectos secundarios del engaño, la decepción, el egoísmo: del desamor, a fin de cuentas. En demasiadas ocasiones tememos una nueva relación por las heridas que albergamos en nuestro interior, y no permitimos que nadie entre en nuestra vida. Alzamos un muro de hormigón a modo de cordón de seguridad que nos envuelve. O, directamente, nos anestesiamos: ni vemos ni escuchamos a posibles personas interesantes que potencialmente podrían convertirse en pareja para no volver a sufrir, aunque ello conlleve no volver sentir. O entablamos relaciones cortas, y dejamos ir a la persona que podría ser *la buena* antes de sentir… estamos demasiado decepcionadas con los demás. ¿Y cuando miramos con lupa a ver dónde están los fallos? Porque claro, seguro que tiene unos defectos insoportables porque «todos los hombres son iguales». ¡Ay, qué daño hacen el rencor y la desconfianza! Queda claro, más aún, transparente:

## Lo contrario al amor es el miedo.

Como he dicho antes, cada una que haga lo que le dé la gana, si no queremos tener una relación de pareja, muy bien... somos naranjas enteras. Tal vez, permanecer soltera sea una decisión temporal e incluso beneficiosa en determinadas ocasiones, como después de una ruptura en la que una necesita recomponerse. Pero **si elegimos amar, no lo hagamos a medias.** No dejemos que el miedo a sufrir, a lo desconocido, a perder, nos bloquee y no nos permita sentir al cien por cien. El *a medias* en el amor no existe, porque el que se quedó a medias en un curso, aún puede seguir estudiando, el que se quedó a medias en una maratón aún puede seguir entrenando... pero **el que a medias amó, claramente no amó.**

### Vive a tu manera, ama a tu manera, pero con todo tu corazón.

Volvamos a la materia prima del amor: la autoestima. Vamos a ver en qué situación estamos: con o sin pareja, con o sin intención de tenerla... da igual. **La autoestima va a ser fundamental en cualquiera de los casos.**

En primer lugar, **si buscamos pareja, solo valorándonos y teniendo clara nuestra filosofía de vida y por lo tanto nuestras prioridades, decidiremos con más puntería a quién queremos a nuestro lado.** Eso, si él o ella quiere, claro está: no todo depende de nuestra parte, porque esa es otra cuestión, ser correspondido. Es básico no conformarse con menos de lo que merecemos y, a la vez, no exigir más de lo que nosotras ofrecemos. ¿Peliagudo verdad? Pues no nos asustemos: encontrar el amor es igual de fácil que de difícil. Actualmente tenemos a nuestro alcance más medios para conocer posibles parejas: redes sociales, grupos para practicar deportes o aficiones, páginas de contactos, etc. Yo lo compararía con el hecho de quedarse embarazada, fácil y difícil a la vez, se tienen que dar muchos condicionantes simultáneamente y dar en el clavo. Para facilitar la llegada del amor, la cuestión pasa por tener la base firme y consolidada, nuestro amor propio; aderezarla con una gran pizca de valor; y abrir los ojos y, sobre todo, el corazón. Si tenemos la predisposición a amar ya tenemos medio camino recorrido. La mala elección de una pareja detrás de otra está directamente relacionada con la baja autoestima. La mala suerte existe, no digo que no, pero hay que tener la cabeza bien puesta para saber con quién perderla.

En segundo lugar, **si ya tenemos pareja, seguiremos teniendo presente que el que nos sigan valorando y respetando con afecto es lo que vamos a requerir.**

En tercer lugar, **ante una ruptura, nuestra confianza en nosotras mismas hará que minimicemos los daños inevitables que supondrá.**

**Al invertir en nuestro crecimiento personal estamos apostando por el _amor del bueno_.** Una vez que logramos una autovaloración equilibrada, la mayor parte de lo que sufrimos relacionado con el mal de amores seguramente desaparecerá o ni tan siquiera existirá.

Os invito a que meditemos sobre la sabiduría de una de las reflexiones en torno al amor del Dalai Lama:

**«Recuerda que la mejor relación es aquella en la que el amor por cada uno excede la necesidad del otro».**

Y como siempre que se habla de amor, no puede faltar un cuento de hadas. No hace mucho leí uno que me viene al pelo no solo por su toque de humor, sino por su esencia. Es de uno de los escritores brasileños contemporáneos más populares, Luis Fernando Verissimo:

> Érase una vez, en un país lejano, una hermosa princesa, independiente y con una gran autoestima que, mientras contemplaba la naturaleza y pensaba en cómo el maravilloso lago de su castillo cumplía con todas las normas ecológicas, se encontró con una rana.
>
> Entonces, la rana saltó a su regazo y dijo:
>
> —Hermosa princesa, yo era antes un hermoso príncipe. Una pérfida bruja me hechizó y me transformé en esta asquerosa rana. Un beso tuyo, sin embargo, me transformaría de nuevo en un bello príncipe, podremos casarnos y formar un hogar feliz en tu hermoso castillo. Mi madre podría venir a vivir con nosotros y tú podrías preparar mi comida, lavarías mi ropa, educarías a nuestros hijos y viviríamos felices para siempre.
>
> Aquella misma noche, mientras saboreaba unas ancas de rana salteadas, acompañadas de una cremosa salsa con cebolla y de un finísimo vino blanco, la princesa sonreía y pensaba:
>
> —¡Ni muerta!

¡Buenísimo, ¿verdad?! A mí me siguen encantando los cuentos de hadas y princesas, pero no por ello creo que el amor sea dejar nuestro corazón en manos de nadie para encontrar la felicidad. La princesa puede matar al dragón ella solita y ser feliz en su castillo. **¿Las mujeres necesitamos a una pareja para darle sentido a nuestra vida o para sentirnos completas? NO, por supuesto que NO.**

Estaréis de acuerdo conmigo en que **enamorarse** es de esas cosas maravillosas que nos hacen vibrar, nos llenan de energía e ilusión. Idealizamos al otro, no vemos a nadie más, estamos convencidas de que ese amor es único y eterno. Mostramos lo mejor de una misma, eso es normal, querer agradar al otro… Los malos rollos los dejamos en casa. Nos arreglamos y sacamos lo mejor a pasear. Estamos dispuestas a hacer concesiones. La flexibilidad es un elemento del amor pleno, no sólo del enamoramiento. Ahora bien:

## Sé auténtica.
## Sé tú con toda tu esencia
## y en total libertad.

No queramos mostrar a alguien lo que no somos. Mostremos lo que sí nos gusta y lo que no, al margen de sus preferencias. No finjamos ni nos engañemos a nosotras mismas. Hay mujeres que cuando salen con un chico alpinista, escalan. Si salen con un cinéfilo, se tragan todas las películas que haga falta. Si al chico le gusta salir mucho por la noche, se vuelven nocturnas. Si él es de madrugar para irse a hacer bici, ella lo mismo. E incluso temas más profundos: si él no quiere formalizar una relación, por ejemplo, con una convivencia o con un matrimonio, ella, que siempre había querido casarse, pasa a creer que no hay que etiquetar una relación. Yo os puedo asegurar que todo esto lo he observado en alguna amiga o conocida. Y lo más curioso es que si se te ocurre comentarles algo similar a «¡Pero si a ti no te gusta salir por la noche!», «¡A ti no te gusta hacer deporte!», «¡A ti nunca te ha gustado ir al cine!», «¡A ti siempre te había hecho ilusión casarte!»; las respuestas van en este sentido: «No, te equivocas, a mí me gusta» o «No, es que he cambiado mi forma de pensar».

El **«mimetismo total» no es bueno**, no corresponde a la realidad de quien se funde en las aficiones, gustos o maneras de pensar del otro. Anular la propia personalidad para agradar al otro es propio de una relación insana y que corresponde a dependencias emocionales de las que hay que salir. Repito que ser flexibles y acompañar a tu chico a algo que a él le mole y a ti no... es lógico. Querer sorprender a tu pareja y satisfacerla es normal. Lo otro es un desastre total. Tampoco hay que olvidar que **querer cambiar al otro y moldearlo a nuestra imagen y semejanza, además de improductivo, es irrespetuoso. En el amor pleno ni se intenta manipular ni dominar.**

Julieta Venegas en su canción *Limón y sal* lo expresa divinamente:

> ## «Yo te quiero con limón y sal,
> ## yo te quiero tal y como estás
> ## no hace falta cambiarte nada».

A veces, cuando no tienes pareja y tienes ganas de tenerla ¿no te ha pasado por la cabeza pensar que estás *desaprovechada*? Es como que tienes mucho amor que dar, y no a quién dárselo. Alguna vez me he preguntado a dónde irán esos besos, esos abrazos que no damos y que llevamos dentro. Tal vez sigan dentro de nosotras y se suman hasta que encontramos a la persona adecuada.

**El enamoramiento puede dar paso a la siguiente fase: al amor** en letras mayúsculas, a la fase en la que construimos un **amor verdadero, estable y pleno.**

En el proceso podemos tener **dudas** sobre si se trata de nuestro verdadero amor, si vale la pena arriesgar, si llegaremos a amar con toda el alma y ser correspondidas. Las dudas pueden ser normales en momentos donde vemos circunstancias adversas que se escapan a nuestro control y no estamos seguras de poder solventarlas. O bien en momentos en los que el miedo nos asusta al sentir que nuestros sentimientos van en alza y no tenemos la certeza de que la otra parte vaya al mismo ritmo o vaya a llegar a nuestro nivel. ¡Tranquilidad! **El amor se forma a fuego lento, sin prisas.** Puede ocurrir que la soledad o las tremendas ganas de encontrar el amor nos hagan generarnos ilusiones precipitadas, expectativas superiores a la realidad o incluso algo peor: convertirnos en dependientes emocionales y no saber estar solas sin pareja. Vivimos en la sociedad de las prisas y de la inmediatez. Con apretar un botón tenemos casi todo... No nos gusta esperar: lo queremos todo y de inmediato. Somos excesivamente impacientes, acostumbradas a la hiperactividad, a la sobreestimulación continua, por ello nos puede ocurrir que nos agobiemos y finalicemos una relación apresuradamente por no conseguir en el tiempo que queríamos lo que pretendemos.

Me viene a la mente una conversación reciente con una amiga que nos va a servir para reflexionar juntas.

—¡¡Estoy fatal!! —dijo María mientras derramaba lágrimas por su mejilla sonrojada.

—¿Qué te ha pasado? —le pregunté un poco asustada.

—Julio me ha dejado, no lo entiendo, nos iba muy bien... Llevábamos ya seis meses juntos... Estábamos enamorados...

—¿Cómo estabas tan segura de que te quería?

—Él me dijo que me quería.

En primer lugar, no para todo el mundo «te quiero» significa lo mismo. Hay que contextualizarlo. Conocer a quien nos lo dice. Para una persona puede ser una manifestación verbal de un sentimiento de afecto y cariño. Para otra, amar con toda el alma. No es lo mismo una persona que ha dicho en su vida a tres mujeres te quiero que el que se lo dice a casi cada mujer a la que le tiene cariño. Si esto lo supiéramos, nos daría pistas de la importancia que le tenemos que dar a ese «te quiero». Difícil, pero algo podemos intuir... Puede haber pasado que su chico no mintiera intencionadamente a mi amiga. Le nacía expresarlo dentro de la efusión del momento o de la intensidad del enamoramiento.

Y, en segundo lugar, **el tiempo para conocerse bien es necesario para forjar ese amor tan deseado.** No tener prisas es esencial para darnos la oportunidad de descubrir a nuestra pareja en todas sus facetas y él o ella a nosotras. Conforme nos vamos mostrando, tal vez no encajamos en lo que quiere el otro o viceversa. Caemos en la cuenta de que nuestro objeto de enamoramiento es una persona humana con defectos como cualquier otro, y a la otra parte le ocurre lo mismo. Eso es normal. Tal vez fue lo que le ocurrió al novio de María. Sin embargo, superada la idealización de una pareja perfecta, si lo entiendes, aceptas, valoras y quieres, tu amor se vuelve real y queda fortalecido potenciándose uno a otro.

Hace mucho tiempo, una amiga me comentó con gran preocupación que no sabía si tenía orgasmos. Mi respuesta fue sincera: «Si no estás segura es que no los tienes». Pues algo así ocurre en el amor. Cuando conocemos a alguien, nos gusta y salimos con él un tiempo suficiente para conocerse bien... si no sabes si lo quieres, es que no lo quieres. Tendrás que ser noble y sincera, y dejarlo ir. Si por el contrario sabes que lo quieres, asume la relación y cuídala con los ingredientes básicos y necesarios para haceros felices mutuamente. Ingredientes como la confianza, la lealtad, la sinceridad, la comprensión, la tolerancia, la ternura, la complicidad y el apoyo son cruciales. Por nuestra parte, ¿estamos pidiendo mucho? No, nosotras valemos mucho.

En particular, según John Gottman, terapeuta y fundador del Instituto Gottman centrado en el estudio de las relaciones de pareja **las mujeres buscan tres elementos clave en una relación.**

— **Que nos entiendan**: comunicación y conexión emocional. No percibir indiferencia o desentendimiento de nuestra pareja. Dicen que somos complicadas… ¡Para nada! Solo somos maravillosamente complejas, que no es, ni significa, lo mismo. ¡Faltaría más…!

— **Que nos den confianza**: sentirnos aceptadas y valoradas tal y como somos. Queremos poder ser nosotras mismas libremente.

— **Que se comprometan**: al margen de formalidades legales, ese compromiso tiene que ver con la seguridad que da la certeza de que tu pareja estará contigo apoyándote en tus malos momentos y animándote a lograr tus sueños.

Cuando amas y eres amada, sonríes, te sientes más segura, más valiosa, incluso sientes más paz por la tranquilidad de saber que tu pareja está ahí pase lo que pase. Por supuesto que va a haber momentos difíciles o problemas que tendréis que resolver juntos. No siempre la relación es cómoda, y en demasiadas ocasiones creo que terminamos una relación porque ello es más fácil que esforzarse en trabajar en ella.

Especial mención quiero hacer a **la libertad dentro de la pareja.** Es cierto que es bueno tener, además de valores de vida similares, gustos y aficiones en común para poder compartirlos. Pero no es menos cierto que resulta vital que cada uno mantenga su espacio: no perder la identidad. Estar en pareja no significa perder la individualidad. Lo beneficioso que resulta mantener actividades por separado es incuestionable. De esa forma, respetamos que la otra persona se realice, que progrese, que exista aparte de una. Hemos de animarla a que no abandone sus necesidades, gustos o proyectos. Una de nuestras actividades favoritas sin ellos, ya sabes, es quedar con las amigas, almorzar, comer, cenar, viajar, ir al cine, ir a un concierto… lo que sea… (Sonrío).

Y el ingrediente básico en cualquier tipo de relación que entablemos, tanto de pareja como de amistad, laboral o familiar es el respeto.

## El respeto
## no es negociable.

No existe, ni por asomo, un manual perfecto para encontrar el amor verdadero y saber mantenerlo. Pero, como dije anteriormente, nuestra autoestima juega un papel crucial en nuestra vida sentimental… Cuando nos veamos inmersas en una relación que nos haga infelices, que nos provoque tensión, vacío… la **ruptura** es necesaria. Porque, por encima de lo que creamos que queremos al otro, cada una, querida amiga, se quiere más y mejor.

## Te quiero, pero te dejo
## porque me haces mal,
## y yo me quiero bien.

Mantener una relación porque pensamos que eso es mejor que nada, aunque no te llene… ¡¡no por favor!! «Mejor algo que nada» lo podemos pensar cuando tenemos mucha hambre y mucha sed y damos un bocado y un sorbo de agua, entonces sí es mejor eso que nada. Pero no nos pongamos melodramáticas…

Estoy acordándome de que, cuando hablo con amigas sobre encontrar una pareja, más de una vez oigo:

—No puedo más, tiro la toalla, es imposible encontrar a alguien que valga la pena…

Yo para desdramatizar suelo decir:

—Bueno, cada vez que fallas estás a un intento menos de acertar, a un novio menos de encontrar al verdadero. (Sonrío).

En el amor gana quien arriesga…, solo pierde quien huye.

Quiero finalizar deseándoos que encontréis o mantengáis ese *amor pleno*, esa persona que esté convencida de que ha tenido mucha suerte al encontraros. Esa persona con la que sintáis que, cuando os coge la mano, lo que verdaderamente os sostiene es vuestro corazón. Y como colofón a este capítulo, quiero dejaros una de mis frases preferidas, pertenece al libro sagrado de los mayas (Popol Vuh):

## «Quien elige el camino del corazón no se equivoca nunca».

# 8. EL TRUCO ESTÁ EN DAR GRACIAS

# 8

# EL TRUCO ESTÁ EN DAR GRACIAS

## ¡DA GRACIAS!

Os invito a que recordéis y reflexionéis sobre aquellos momentos de la vida en los que la ayuda y el apoyo de alguien ha sido crucial. Puede que estéis pensando en una época postruptura sentimental, una enfermedad vuestra o de un ser querido...

A esas personas que os ayudaron, os apoyaron y que estuvieron a vuestro lado ¿les habéis dado las gracias de tal forma que poniendo el corazón en ello les habéis transmitido verdadera gratitud?

Tal vez sí o tal vez haya más agradecimientos por dar de los que somos conscientes. Caemos demasiado a menudo en el error de dar por supuesto que determinadas personas tienen la obligación de estar a nuestro lado incondicionalmente, bien porque son nuestros padres, nuestros hermanos, nuestra pareja, nuestros amigos, o bien porque creemos que nos deben esa ayuda como devolución de lo que nosotras en su día hicimos por ellos.

¡Demos las gracias! Os animo a que lo hagáis, aunque haya pasado un tiempo, bien con un detalle, una llamada, una tarjeta, unas palabras... Os aseguro que será muy gratificante.

Voy a intentar convenceros de lo beneficioso que va a ser adoptar una forma de vivir con la virtud de ser una mujer agradecida. El político y escritor romano Cicerón decía:

# «La gratitud no es sólo la más grande de las virtudes, sino la madre de todas las demás».

## BENEFICIOS DE SER AGRADECIDA

Me encanta informaros de que la gratitud posee tantos beneficios que es uno de los pilares de una vida plena con dosis altas de bienestar emocional y satisfacción personal. Actualmente muchos estudios psicológicos van enfocados a estudiar todo aquello que sirva para mejorar nuestro estado de ánimo y contrarrestar la falta de sentido de nuestra vida en una sociedad contemporánea donde el materialismo, el consumismo, el estrés y la falta de espiritualidad hacen estragos en nosotras.

Son muchos los estudios que concluyen que **las personas que practican la gratitud consiguen mejorar su estado de ánimo, ser más optimistas, reducir la ansiedad y mejorar sus relaciones interpersonales.**

Os señalo uno de ellos a modo de ejemplo. Este estudio lo llevó a cabo uno de los profesionales que destaca al dedicar sus investigaciones al mundo de la gratitud. Se trata del psicólogo Robert Emmons. Él y su equipo concluyen y confirman:

«Quienes practican el agradecimiento tienen menos síntomas de enfermedad, más optimismo y felicidad, relaciones más estables y comportamientos más generosos».

«Practicar la gratitud significa centrarnos en el momento presente apreciando nuestra vida tal y como es, así como todo aquello que ha contribuido a tener la vida que disfrutamos en este momento».

Es imprescindible sentir y disfrutar ese «gracias» para que nos aporte beneficios. Una buena noticia es que **dar gracias conscientemente es un hábito que se puede adquirir**

**entrenando**, como casi todo en esta vida. Dar las gracias de forma cortés cuando nos ceden el paso o nos atienden bien en un comercio no tiene grandes efectos positivos, pero nuestra amabilidad y educación sí va a sumar gesto a gesto. Cuando hablo de **ser agradecida, no solamente me refiero a dar las gracias a otra persona, también a la vida y a una misma.**

Al agradecer, centramos nuestra atención en lo bueno que hay en nuestra vida, tanto en cómo somos como persona, como en las cosas de las que disfrutamos y, por supuesto, en lo que recibimos de los demás.

## ¿CÓMO PRACTICAR Y CULTIVAR LA GRATITUD?

— **Como «kit de supervivencia»**

En momentos difíciles, de pesimismo absoluto, paremos diez minutos y **escribamos** (es mucho más potente que sólo pensarlo) **las *top ten* cosas buenas de nuestra vida.** Después de esa pausa vamos a coger fuerza desde una óptica más positiva. No se trata de olvidar problemas ni retrasar decisiones ni resignarse. Se trata de relativizar, aceptar, superar, decidir y crecer.

— **Escribir un *Diario de gratitud***

Yo lo he hecho, y os aseguro que me ayudó mucho en momentos negros por cuestiones de salud y tensiones personales.

Os cuento: cogí una libreta pequeña y, antes de acostarme, apuntaba tres cosas buenas que me habían pasado ese día. Lo hice durante varios meses. Esa libreta la tengo guardada desde hace años en la misma mesita de noche, y acabo de releerla. Os diré que esas cosas eran de todo tipo, desde cosas cotidianas a experiencias más especiales. Pero la gran mayoría, y me estoy fijando ahora, son detalles tan cotidianos que si una no se para a pensar, no se da cuenta de lo afortunada que es. Os confieso que me está emocionando leerla, y me atrevo a reproducir lo que escribí un día cualquiera a modo de ejemplo, creo que os puede servir:

— Gracias a mi amiga Dorita: me ha vuelto a llamar para ver cómo estaba y animarme.
— Gracias porque Ana (mi hija) está creciendo sana y feliz.
— Gracias por el día tan soleado y bueno de hoy.

En este diario también veo que escribía frases sobre mis fortalezas, me felicitaba a mí misma por no dejarme vencer. Eso no lo hacia todos los días, pero sí una vez a la semana más o menos.

Os aconsejo que elijáis un momento del día fijo, vosotras mismas podéis determinar el mínimo de cosas al día por las cuales queréis dar gracias. Es curioso como al principio solo escribía tres, pero después aparecen días de cuatro o cinco agradecimientos y eso es el resultado de mi cambio de actitud: me centraba en esos detalles que pasaba por alto y que me iban sumando. La visión de mi vida y de mí misma iba a mejor, me sentía más conectada conmigo, con los demás y con la naturaleza.

Al principio tal vez os cueste un poco, por eso os voy a dar algunas ideas sobre qué reflexionar:

— Actividades cotidianas que os han hecho sentir bien: un baño con buena música, ver una película bonita...
— Privilegios personales: disfrutar de una casa, nevera llena, asistencia médica...
— Capacidades y habilidades personales, que no todo el mundo tiene: poder ver, saber pintar, practicar un deporte, un *hobby*.

— Personas que están a nuestro lado aquí y ahora: padres, amigos, hijos, etc.
— Eventos cotidianos: una cena de amigas, una tarde de compras…
— Eventos especiales: una boda, un cumpleaños, una Nochebuena…

Me propongo hoy retomar ese diario, no porque esté pasando una mala racha, sino para aumentar mi bienestar y relativizar lo que me inquieta. ¿Y vosotras? Espero que de verdad lo hagáis, es más efectivo de lo que os podáis imaginar.

### Otras formas de dar gracias

#### — Ayudando a los demás
Si a ser agradecidas le sumamos **la satisfacción de ayudar a los demás,** nuestras emociones positivas serán *lo más.* Diría que una de las mejores formas de aumentar nuestra estima es ayudando al otro. Esa ayuda puede ser al que tenemos cerca o, colaborando en alguna organización.

#### — Siendo bondadoso
Es increíble lo que un gesto amable, un halago, una palabra de ánimo a alguien que tiene un momento gris le puede cambiar la vida. Ser honesta, generosa y ayudar a los demás, en definitiva, ser *buena persona* es un pilar fundamental de nuestra felicidad.

#### — Verbalizando frases positivas
Acostumbrarse a pensar y decir en voz alta frases como: «¡Qué suerte tengo de estar en esta terracita tomando algo!», «¡Qué suerte, mira el cielo, qué atardecer más bonito!» o «¡Qué suerte tenemos, que sol más bueno hace hoy!» nos hará bien, y veréis cómo seréis mujeres con la que da gusto estar.

Reflexiono:

**Me gusta la moderación y busco el equilibrio en mi vida, pero si algo voy a hacer en exceso es dar la gracias.**

¿Os apuntáis a mi plan?

## 9. NINGUNA DE NOSOTRAS ES TAN BUENA COMO TODAS NOSOTRAS JUNTAS

# 9

# NINGUNA DE NOSOTRAS ES TAN BUENA
# COMO TODAS NOSOTRAS JUNTAS

## LA MUJER ES EL MEJOR APOYO PARA OTRA MUJER

Soy una defensora de la creencia de que **la mujer es el mejor apoyo para otra mujer.** Esta idea la plasmo en esta sencilla frase:

**Detrás, delante y al lado
de una gran mujer
hay otra mujer.**

Y digo detrás, en el sentido de que gracias a la lucha de muchas mujeres valientes estamos en la situación actual en cuanto a avances en igualdad de derechos: mujeres en todos los países, en todas las épocas y en todos los campos (políticas, filósofas, artistas, escritoras, científicas...). Ellas han marcado la historia de la mujer haciéndose un espacio en un mundo de hombres y dándonos a nosotras una situación muy mejorada.

Soy feminista, claro que sí. El machismo y el feminismo no son contrarios, no son polos opuestos. El machismo es una actitud nociva que hay que erradicar, porque entiende y propugna la superioridad del hombre sobre la mujer. En cambio, el feminismo es, en esencia, la lucha por la igualdad de derechos y oportunidades entre ellos y nosotras.

No voy a extenderme en esto, ya hay muchos libros maravillosos sobre el feminismo y sobre la vida de mujeres relevantes y conocidas que han pasado a la historia del feminismo. Solo necesito remarcar lo que otras tantas mujeres anónimas han hecho y está detrás de todas y cada una de nosotras.

¡Gracias a todas ellas!

Me encanta lo que dice de nosotras el novelista y poeta británico William Golding , considerado como uno de los grandes autores en lengua inglesa del siglo XX y a quien le fue concedido el premio Nobel de Literatura en 1983:

«Creo que las mujeres están locas si pretenden ser iguales a los hombres. Son bastante superiores y siempre lo han sido. Cualquier cosa que le des a una mujer, ella lo hará mejor. Si le das esperma, te dará un hijo. Si le das una casa, te dará un hogar. Si le das alimentos, te dará una comida. Si le das una sonrisa, te dará su corazón. Engrandece y multiplica cualquier cosa que le des».

## TERAPIA DE AMIGAS

Volvamos al tema de este capítulo, **las mujeres que están delante o a nuestro lado: nuestras amigas.** La amistad entre mujeres es algo a destacar en mayúscula y que facilita mucho nuestras vidas. Es una de las mayores fortunas que tenemos: tener amigas, las amigas cómplices de nuestro día a día. **Nues-**

tra amistad **funciona como una terapia que nos facilita la existencia**, una terapia que no tiene precio.

Me encantaba la serie *Sexo en Nueva York*, donde se plasma, de manera más profunda de lo que aparenta, el valor de la amistad entre las mujeres. Y como decía su protagonista Sara Jessica Parker:

### «Quizás nuestras amigas sean nuestras verdaderas almas gemelas, y los hombres, gente con quien divertirse».

Bueno, a ver… (Sonrío), los hombres son seres a quienes yo sí quiero amar, además de divertirme con ellos.

A mí, a veces me dan *penita* los hombres, porque ellos no tienen esos lazos de amistad que tenemos las chicas. Ellos se suelen relacionar casi siempre en torno a determinadas actividades concretas. Y ¿de qué hablan? De trabajo, de coches, de deporte, de política… ¡ah!, y de mujeres, pero sin profundizar… (Sonrío). Pero ¿comparten sus sentimientos, sus inquietudes, sus miedos, sus dudas? Raramente.

Imaginemos este caso:

Una pareja que rompe y los dos están pasándolo mal. Ella tendrá terapia asegurada: llamará a una o varias amigas para desahogarse y ellas la escucharán y la consolarán.

Él, se lo pasará solito, se lo tragará *a palo seco* y, si se le ocurre contárselo a un amigo, lo más probable es que le diga que lo mejor que puede hacer es que queden para irse de copas o irse a correr, y cambiará de tema de conversación.

Os cuento una anécdota. Estoy recordando lo que me decía un amigo divorciado como yo, un día charlando sobre este tema:

—Es que tenéis mucha suerte: vosotras siempre encontráis con quién quedar, con quién viajar, con quién compartir… y encima estáis continuamente haciendo nuevas amigas. Que vais al cole de vuestros hijos y tomáis un café con las mamis: grupito nuevo y cenita. Cuando no tenéis un cumpleaños de una amiga, tenéis un santo, y cuando no, celebráis lo que sea.

Y yo le dije, haciéndome la tonta, como si no supiera que ellos lo tienen más difícil.

—Bueno, pues tú, que vas al *gym*, haz amigos allí.

A lo que me contestó:

—Sí, claro, estoy en el vestuario y me pongo a hablar con uno y le digo de tomar algo y charlar y se cree que quiero ligar.

Pues esa es su realidad.

## ESTUDIOS SOBRE LA AMISTAD FEMENINA

He leído en varios artículos una de las posibles **causas biológicas del porqué de nuestra necesidad y facilidad para hacer y mantener la amistad.** Un estudio de la Universidad de California en Los Angeles (UCLA) nos lo explica, la investigación se denomina *Biobehavioral Responses to Stress in Females: Tend-and-Befriend, Not Fight-or-Flight* (*Respuestas femeninas al estrés: cuidar y hacer amistades, no pelear o escapar*). Hasta ese momento casi el 90 % de los estudios realizados sobre el estrés se habían realizado con hombres. En esta ocasión se da la vuelta a la tortilla…

Concretamente ese estudio pone de relieve que **las mujeres reaccionamos al estrés de forma diferente al hombre.** Hasta que fue publicado en 2000, los científicos creían que cuando las personas experimentan estrés generan un aluvión hormonal que las lleva a pararse y optar por pelear o escapar. Tenemos un mecanismo de supervivencia ancestral que nos ha quedado de la época en que los animales salvajes nos perseguían.

Ahora bien, ¿cuál es la novedad? Parece ser, que cuando la mujer se encuentra ante una situación de estrés libera una cantidad considerable de la hormona oxitocina, esta hormona nos motiva más a cuidar a nuestros seres queridos o a reunirnos con otras mujeres. Y esta es nuestra habitual reacción, antes que «pelear o escapar».

¿Qué ocurre entonces? Al involucrarse en cuidar y entablar amistades se libera aún más oxitocina, lo cual contrarresta el estrés, lo disminuye y produce un efecto de calma y bienestar.

Y os preguntaréis ¿Por qué esa reacción no les ocurre a los hombres? Porque la testosterona que ellos producen en elevadas cantidades cuando se encuentran ante una situación de estrés, de alta tensión, es capaz de reducir el efecto de la oxitocina.

En definitiva, mientras que ellos se encierran ante una situación de tensión e internalizan su estrés, nosotras lidiamos con ello ayudándonos con nuestras amigas.

Queda claro: en las mujeres **los vínculos afectivos que creamos con la amistad los vivimos de forma tan auténtica y fuerte que mejora nuestra salud física y psicológica.** Nos disminuye el riesgo de sufrir enfermedades ya que se reduce la tensión arterial, las afecciones cardíacas y los niveles de colesterol. Si tenemos un *círculo de amigas* nos sentimos protegidas y tenemos, según varios estudios, más probabilidades de superar enfermedades. Es tan gratificante compartir amistad con otras mujeres que es una experiencia saludable e incluso sanadora. La amistad entre nosotras nos ayuda a aumentar nuestro bienestar y vivir mejor.

Una llamada cuando acabas de tener un disgusto o una conversación de chicas donde cada una cuenta sus vivencias del día a día nos hace darnos cuenta de que no somos las únicas a las que nos ocurre lo que nos ocurre, nos ayuda a desdramatizar nuestros problemas y a abrir nuestro campo de visión. Nos da otra perspectiva a nuestros problemas.

Nosotras compartimos desde lo más liviano a lo más profundo. Nos desahogamos, en definitiva. A una amiga le puedes preguntar de todo, desde si me queda bien este color de pelo, si este vestido me sienta bien o si es mejor que corte una relación sentimental. Necesitamos su opinión: bien para asegurarnos de nuestra decisión (o saber si debemos cambiarla) o bien, simplemente, para desbloquearnos, liberarnos o aliviarnos.

¿No será esa una de las razones por las que las mujeres vivimos generalmente más que los hombres? Yo creo que sí.

## Nuestras amigas son fuente de alegría, de fuerza y de bienestar.

### SER Y ELEGIR UNA BUENA AMIGA

¿Por qué criterios elegimos a una amiga? Porque nos sentimos a gusto, somos afines o nos identificamos en valores y prioridades. A lo largo de nuestra vida vamos relacionándonos y forjando distintas amistades. Pueden ser de diferentes tipos o grados y no por ello menos gratificantes.

Todas tenemos las *amigas de siempre*, las que conocemos muchos años, nuestras cómplices de la niñez, la adolescencia o los años de universidad. A unas las vemos mucho y a otras menos. Pero ¿a que estás de acuerdo conmigo? Con una buena amiga, aunque hayan pasado semanas, meses o incluso años, nos volvemos a juntar y en un rato nos ponemos al día y es como si no hubiera pasado el tiempo. Para nosotras el tiempo y la distancia no importan, una amiga es una amiga para siempre.

Las personas somos imperfectas y, por consiguiente, las relaciones entre nosotras también. Si buscamos una amiga del alma perfecta nos equivocamos.

**La amistad va de la mano de la aceptación.** Por supuesto que debemos exigir lealtad en la amistad, pero hay que asumir que puede que en algún momento tengamos pequeñas decepciones, porque nadie piensa ni siente exactamente igual a nosotras y, por lo tanto, nadie va a actuar exactamente igual a como lo haríamos nosotras.

## Yo me baso en un principio: Nadie me puede dar lo que no tiene.

Es muy sencillo, lo explico con un ejemplo tonto: si una amiga no tiene un chal que me pueda dejar para ir a una boda, no se lo puedo exigir, no me voy a enfadar porque no me la deje, no voy a tener esa expectativa y por lo tanto no me va a decepcionar. Pues lo mismo para lo menos superficial. Por ejemplo, si estoy en casa y empiezo a encontrarme mal y me pongo nerviosa, llamaré a la amiga más serena que tengo para tranquilizarme, no a la que es hipocondríaca.

¿Qué ocurre cuando no es tan sencillo y se trata de respuestas o formas de actuar subjetivas, lo no material o no tangible? Muchas de las decepciones vienen por aquí. Yo creo que lo importante es sentir si nuestra amiga actúa de buena fe y no hacer una tragedia ni un drama de cosas cotidianas que no tienen mayor importancia. Ser flexibles y no ir *haciendo cruces* a cada amiga que en un momento no haya hecho lo que nosotras hubiéramos hecho por ella. Valorarla en su conjunto. Eso sí, si algo nos ha molestado y nos produce inquietud, probablemente no se ha dado cuenta y, desde la tolerancia, hay que hablarlo

El primer eslabón para ser la mejor amiga que alguien pueda tener es **conocernos, aceptarnos y querernos a nosotras mismas.** De esta forma podremos dar lo mejor de nosotras. Sé que esto lo he repetido en un capítulo y otro, a ver si no se nos olvida…

El resto lo podíamos resumir en estas cualidades:

### — Cultivar la amistad

Excepto que nos toque la lotería con solo comprar el boleto, todo lo demás conlleva tiempo y dedicación. Hay que buscar huecos para llamar, para verse, para compartir momentos. Que se note que nos preocupamos por nuestra amiga y ella por nosotras. Es una relación de reciprocidad.

### — Aceptar las discrepancias

Aunque la amistad se basa en tener afinidades, van a surgir las desavenencias, las diferencias de opiniones o los desacuerdos a la hora de tomar decisiones. De la habilidad para resolverlas con flexibilidad y tolerancia surge la genuina amistad.

### — Disfrutar de las alegrías de nuestras amigas y apoyarnos mutuamente en las tristezas

Es matemática pura: se duplicarán las alegrías y se dividirán las tristezas.

### — Ser honesta y sincera

No creamos que las buenas amigas nos van a regalar los oídos ni darnos la razón siempre ni van a estar continuamente halagándonos. Una amiga, respetará, no juzgará, pero no se callará si lo que estamos haciendo le parece mal o poco ético. Respecto a la sinceridad, yo diría que no es preciso ser cien por cien sinceras, hay que aplicar filtros por educación, por respeto. El sentido común nos dirá qué tenemos que decir y qué no. Por ejemplo, si vamos de compras y un vestido no le queda bien, se lo diremos, pero no es necesario decirle que le sobran kilos cuando ella ya lo sabe y, si le molestan, pues ya hará por quitárselos.

### — Nunca, nunca hablar mal a sus espaldas

Lo que le tengas que decir, siempre de tú a tú y con discreción, a ella, ni siquiera comentarlo con el resto de las amigas.

### — Confianza absoluta: guardar secretos

A menudo las que más saben de nosotras, y nosotras de ellas, son nuestras amigas. Ni nuestra familia ni nuestras parejas. La confianza es esencial. Si se falla en eso, ahí sí que es mejor prescindir de esa amistad. No me vale contarle un secreto a una amiga y que ella se lo cuente a su marido porque ella «se lo cuenta todo». ¡Anda ya! Por otra parte, no soporto a las criticonas. Pienso que se puede saber más de una amiga por lo que dice de las demás que por lo que dice de sí misma. Así, si te encuentras con una amiga cuyo tema de conversación es la crítica por la espalda a otras amigas, piensa que no te conviene tenerla cerca.

Hablando de cotilleos destructivos, aprovecho para contaros **la parábola** de las tres rejas, me parece instructiva.

El joven discípulo de un filósofo sabio llega a su casa y le dice:

—Maestro, un amigo estuvo hablando de ti con malevolencia...

—¡Espera! —lo interrumpe el filósofo. ¿Hiciste pasar por las tres rejas lo que vas a contarme?

—¿Las tres rejas? —pregunta su discípulo.

—Sí. La primera es **la verdad.** ¿Estás seguro de que lo que quieres decirme es absolutamente cierto?

—No. Lo oí comentar a unos vecinos.

—Al menos lo habrás hecho pasar por la segunda reja, que es **la bondad.** Eso que deseas decirme, ¿es bueno para alguien?

—No, en realidad no. Al contrario.

—¡Ah, vaya! La última reja es **la necesidad.** ¿Es necesario hacerme saber eso que tanto te inquieta?

—A decir verdad, no.

—Entonces… —dijo el sabio sonriendo—, si no es verdad ni bueno ni necesario, sepultémoslo en el olvido.

## EL PODER DE LAS MUJERES UNIDAS

¿Os gustan los girasoles?

A mí me producen admiración. Los girasoles, como su propio nombre indica, giran buscando la luz del sol. Cada día se despiertan y se mueven siguiendo al astro rey en su recorrido de este a oeste. Al anochecer vuelven a hacerlo en sentido contrario, de ese modo están preparados para hacer de nuevo el mismo recorrido al día siguiente.

Según la mitología griega, una joven ninfa llamada Clytie, enamorada del dios de la luz y el sol, Helios, pasaba un día tras otro persiguiéndolo en su recorrido. A pesar de su constancia no consiguió ser correspondida por su amado. Se le partió el corazón y murió de pena. Los dioses del Olimpo, compasivos, la convirtieron en una flor, un girasol, para que pudiera seguir al sol allá donde fuera. De ahí la explicación de por qué los girasoles siguen buscando al sol cada día.

Y os estaréis preguntando: ¿y eso que tiene que ver con las mujeres? Pues me encantaría que fuera un lección para nosotras porque ¿sabéis que les ocurre a los girasoles los días nublados cuando el sol está totalmente cubierto? Queridas amigas, no se marchitan, ni se giran hacia abajo. Las flores de los girasoles, se vuelven unas hacia las otras para compartir sus energías. Es alucinante y podríamos seguir su ejemplo: **ser la luz las unas para las otras, ayudándonos y apoyándonos.**

**Nosotras unidas somos imparables. Y no olvidemos elogiar a otra mujer cuando admiremos algo de ella.**

Y el apoyo a otras mujeres, no solamente hemos de pensar que debe ser a las amigas, compañeras o conocidas. También a quien no conocemos y juzgamos sin base para hacerlo. No voy a dejar pasar la ocasión para hablaros de un *temita* delicado: el apoyo a la mujer de tu exmarido o expareja.

Aún recuerdo una conversación telefónica con una amiga, hace más de un año, que me viene genial para tratar este tema.

—¡Estoy atacada! ¡Adivina lo que me acaba de decir mi hija! Que mi ex le quiere presentar a su novia el próximo fin de semana. ¿Tú te crees? —me explicó exaltada Laura.

—¡Ah! Y… ¿qué le has dicho? —respondí yo.

—Nada, me he callado y se ha ido a hacer los deberes, ¡con la cara de asco que he puesto…! —me contestó Laura.

—¿Estás celosa o recelosa? —le pregunté.

—¿Celosa? No, ¡qué va! Si tú ya sabes que no lo quiero ni en pintura. Yo estoy tranquilita y feliz desde que nos separamos. Pero no me hace ninguna gracia. No hace ni un año que nos divorciamos. ¿De qué va? ¡Ah! y a saber esa quién es y qué busca. Mi hija no tiene por qué aguantarla, ¿no crees? —me expresó Laura.

—Pues no estoy de acuerdo con tu postura —rebatí con contundencia; y proseguí mi argumentación—: Laura, entiendo tu rebote y tu miedo. Mira, yo si de algo estoy orgullosa de mi postdivorcio es de cómo me comporté cuando mi hija me anunció que su padre le iba a presentar a su pareja. Estaba todo muy reciente, desde mi punto de vista, pero la verdad es que no dudé en lo que le iba a decir a mi hija. Y además me acuerdo literalmente de mis palabras.

—¿Qué le dijiste? —me preguntó Laura con curiosidad.

—«Si tu padre está más contento, mejor para él, para ti y para mí. Tú eres una niña amable y simpática y así te pido que te comportes con ella».

—Caray, sí que fuiste benevolente —opinó Laura.

—No soy santa Teresa de Calcuta, pero lo tenía claro. Primero, lo que haga tu ex con su vida es su decisión, como tú con la tuya. Y tu hija es tan suya como tuya. El hecho de que tú no controles la situación y no sepas de ella no debe ponerte a la defensiva. Piensa: ¿qué culpa tiene ella de nada? La estás juzgando sin tener ni idea. Ella es una mujer como tú y como yo. Tal vez tu hija se sienta a gusto con ella y sea incluso un apoyo cuando esté con él. Además, ¿te gustaría que cuando tú tengas novio te rechazara su hija? Seguro que pensarías que la madre de la niña es una *bruja piruja* que la está poniendo en tu contra.

—¡Uf, Carmen!, voy a tranquilizarme. Visto así, creo que tienes razón.

Esta es una faceta más en la que el apoyo de mujer a mujer es valiosísimo. No digo que nos hagamos amigas de las novias de nuestros ex. Pero sí, ofrecer bondad. Es una ocasión más para aplicar la sororidad entre nosotras. Esto también vale para cuando nosotras somos las hijas y nuestro padre, bien por viudedad o por divorcio, tiene una nueva pareja. La lealtad hacia nuestra madre no merma si lo aceptamos y nos llevamos bien con la recién llegada. La felicidad de nuestro padre necesita de nuestro apoyo a su relación.

Y para finalizar este capítulo, quiero deciros que en mi vida ha sido y sigue siendo un pilar fundamental el apoyo de mis amigas. Hubiera sido casi imposible superar determinadas épocas muy complicadas de salud o problemas personales sin una mano amiga. Por eso, aunque de una manera sencilla (no soy poetisa ni nada que se le parezca) y sin más pretensión que **expresar mi gratitud**, escribo estas palabras **dedicadas a mis amigas.** Además, si os sirve a vosotras que me estáis leyendo para parar un minuto y enviársela a alguna amiga, me sentiré más feliz aún si cabe.

# CARTA A MI AMIGA

Gracias por estar ahí,
cuando río, cuando lloro.
Gracias por tu complicidad,
por disfrutar de mis alegrías y mis logros.

No has podido evitar mis sufrimientos,
pero me has apoyado con tanta fuerza
que los pedazos de mi ser
se han podido volver a unir.
No has tenido todas las repuestas
a mis problemas, miedos o dudas
y aun así me has escuchado,
con paciencia y ánimo.

Gracias por quererme tal y como soy,
por sacar lo mejor de mí,
por no juzgarme,
y a la vez, no callarte ningún consejo,
ni ninguna crítica,
aunque no fuera de mi agrado.

Tú me apoyas, me motivas y me ayudas.
Gran parte de mi ser
es gracias a ti,
mi amiga,
me siento feliz
por tenerte en mi vida…
Y recuerda:
cada vez que me necesites,
estaré junto a ti.

# 10. SECRETOS DE VIDA

# DE MUJER A MUJER

# 10

## SECRETOS DE VIDA DE MUJER A MUJER

**Testimonios de mujeres que responden a la pregunta ¿Qué lecciones de vida que te gustaría haber aprendido antes compartirías con otras mujeres?**

En este capítulo recopilo lo que algunas mujeres me han respondido de forma espontánea a la pregunta anterior.

Estas mujeres son en su mayoría amigas aunque, como soy tan habladora, he aprovechado cualquier situación que me haya permitido conversar con otra mujer conocida o desconocida para charlar sobre ello. Os confieso que me lo he pasado en grande, a algunas les he llamado, con otras he quedado.

Lo alucinante es que casi todas las lecciones de vida, en forma de consejos, en forma de preceptos o como cada una haya querido expresarse, de una u otra forma están reflejadas en este libro. Sumados todos ellos, nos enseñan a vivir mejor en clave de mujer. Entiendo que es más habitual lograr la sabiduría que nos da la experiencia de vida a partir de cierta edad, pero no por ello las mujeres más jóvenes carecen de valiosas enseñanzas que compartir, así que he contado con ellas también.

Gracias a todas las que habéis hecho posible este último capítulo: ha sido enriquecedor y altamente motivador para mí. Lo transcribo literalmente para no restarle autenticidad. Como veréis, hay profundas reflexiones y otras más livianas, porque todas suman y un toque de humor siempre viene bien, además de ser imprescindible.

A continuación, os las transcribo:

«Cambia el chip de la obligación de que estamos en este mundo para satisfacer las necesidades de nuestros hijos, pareja, padres, etc. No es tu responsabilidad cómo les va a todos». (Belén).

«Tienes más fuerza de la que te puedes imaginar, por ello no esperes nada de nadie para no poner falsas expectativas en los demás en cuanto a apoyarte en ellos para lograr tus sueños». (Deby).

«No padezcas tanto por todo, deja correr lo que no depende de ti». (Cristina).

«Cuando eres pequeña piensas en un príncipe azul como fuente de felicidad. Como si esa persona te fuera a cambiar la vida. Y no es así. La felicidad está en ti misma. Además, si crees que tu fuente de felicidad está en tu pareja, lo querrás cambiar y eso no da buenos resultados. (Dorita).

«No te entregues absolutamente a los demás de forma incondicional. No quieras complacer a los demás antes que a ti misma». (Ana).

«No dejes por una pareja ni tu carrera profesional ni tus proyectos». (Mariam).

«Elige bien al padre de tus hijos, es más importante de lo que crees». (Belén).

«Se aprende mucho escuchando los consejos que te dan las personas que te quieren y que cuando eres muy joven no haces caso». (Rosa).

«No digas que sabes hacer una cosa, porque siempre te tocará hacerla a ti y si un día no lo haces pasas a ser *la mala* de la película». (Gema).

«No debes esperar recibir en la misma medida que das ni que nadie actúe como tú lo harías». (Helena).

«No digas: "esto yo no lo haré ni loca" porque la vida te va borrando los "esto nunca jamás"». (Elena).

«Relativiza los problemas. Sé capaz de ver la casa desordenada y quedarte en el sofá». (Isa).

«No seas superheroína, sé simplemente mujer». (Julia).

«Valórate a ti misma, seas como seas». (Begoña).

«Vive y disfruta de cada momento intensamente». (Gema).

«No esperes a los cuarenta para comprarte un juguete sexual». (Belén).

«Sé auténtica. A mí me duele el tiempo que he vivido sin ser yo misma». (Carmen).

«Haz lo que te dé la gana: sin hacer daño a nadie, pero sin importarte lo que diga la gente». (María).

«Aprende a ser frívola o hacerte la tonta en determinados momentos que te convenga». (Rosa).

«Prueba nuevas experiencias en tu momento, en el que a ti te apetezca al margen de los demás». (Dora).

«Sé tú misma. No te dejes dominar por nadie, ni por tu suegra». (Amparo).

«Tu independencia es fundamental para poder valerte por ti misma». (Begoña).

«No esperes a una ocasión especial para llevar lencería bonita. Llévala siempre, te hará sentir bien. Además, nunca se sabe…». (Pilar).

«Viaja con tus amigas una vez por lo menos en la vida a Disneyland». (Lola).

«Procura tener la mente abierta cuando te enfrentas a una situación importante. No te obsesiones por una opción solamente. Sé flexible y eso te permitirá analizar con calma todas las opciones. No hay *absolutos* y sí hay muchísimos *relativos*». (Curry).

«Disfruta de cada momento, en ocasiones planear, programar, proyectar… nos impide saborear ciertos acontecimientos que a veces incluso hemos estado esperando. Céntrate en lo que vives y no en lo que podrías vivir». (Mª Dolores).

«No seas impulsiva a la hora de reaccionar ante actitudes de los demás si de ello va a depender algo importante para ti». (Ana).

«Quiérete, mímate, sé tu amiga, tu amante, tu novia. Ámate tanto que sientas el cosquilleo en tu tripa de quinceañera. Eso te hará traspasar todas las fronteras». (Belén).

«Mantén el deseo de aprender, de buscar, de descubrir. Y no olvides que para lograr algo hay que creer en ello y quererlo con fuerza, porque si no, es muy difícil poder lograrlo». (Pilar).

Como colofón a estas lecciones de vida quiero compartir con vosotras la respuesta que dio la inigualable cantante francesa Édith Piaf en una entrevista que le hicieron en la plenitud de su carrera. El entrevistador le preguntó:

—¿Qué consejo le darías a una mujer?

—Ama.

—¿Qué consejo le darías a una chica joven?

—Ama.

—¿Qué consejo le darías a una niña?

—Ama.

No es de extrañar que con esa visión su canción insignia sea, y será, *La vie en rose*. Y para mí, querida amiga, este es el mejor consejo que he oído en mi vida. Así es cómo yo quiero vivir: amando. Todo con amor se vive mejor, se disfruta más, se supera más fácilmente. **Amor por cada momento que tenemos la suerte de vivir, amor a tu familia, a tu pareja, a tus hijos y, por encima de todo, amor a ti misma.**

Me encantaría conocer tu lección de vida, tus inquietudes, tu visión de la vida... ¿Y por qué? Porque sabes que vas a ayudar a otra mujer como tú, porque te llena el saber que otras mujeres, al sentirse identificadas, se van a sentir mejor. Porque tú también eres fuente de inspiración para las demás. Porque quieres desahogarte. Porque quieres sacarnos una sonrisa y reírnos juntas.

Nos vemos en redes sociales, vamos a construir nuestra comunidad de mujeres. Allí seguiré compartiendo reflexiones y sonrisas con vosotras.

Te espero en:

**Instagram: @tuereslamujerdetuvida**
**Facebook: @Carmen.Bellver.Psicología.Mujer**

¡Querida amiga! Si la lectura de este libro, algo o mucho, te ha aportado para contribuir a hacerte la vida más fácil, me encantaría que hicieras llegar ese aprendizaje a las mujeres de tu entorno.

Sería un bonito regalo.

# MANIFIESTO

Mil gracias por haber llegado hasta aquí. Me despido de ti con un manifiesto. Si te gusta, cógelo: es tuyo ya. Recórtalo, pégalo donde lo puedas leer todos los días que quieras. Con mucho cariño, te deseo lo mejor, querida amiga.

# MANIFIESTO
## «ME QUIERO VIVIR»

Hoy voy a creer en mí, voy a ser la mujer que me dé la gana ser y estar dónde quiero estar.

Hoy voy a mimarme, a dedicarme tiempo, a hacer lo que me gusta sin importarme lo que piensen los demás.

Hoy voy a saborear cada momento del día, a vivirlo con intensidad, a poner mi atención en todo lo positivo que hay en mi existencia.

Hoy voy a sentirme bonita porque decido ser yo misma. Voy a dejar de querer ser perfecta, voy a aceptarme y quererme. Soy una mujer única y extraordinaria que irradia pasión, alegría e ilusión.

Hoy voy a confiar en mis fortalezas y no voy a tener miedo a equivocarme ni al qué dirán.

Hoy me perdono a mí misma. Hoy no me voy a sentir culpable. Soy responsable, pero también perfectamente imperfecta.

Hoy no voy a quejarme ni me voy a preocupar por lo que no depende de mí. Hoy voy a tener presente que, pase lo que pase, todo pasa.

Hoy voy a sonreír y agradecer todas y cada una de las cosas buenas que hay en mi vida. Hoy voy a hacer que los demás no olviden lo bien que les he hecho sentir.

Hoy voy a vivirme con paso firme buscando aquello que me haga sentir bien. Hoy voy a vivirme con serenidad e ilusión. Hoy voy a hacerme la vida más fácil.